应急管理与应急法治十讲

YINGJI GUANLI YU YINGJI FAZHI SHI JIANG

林鸿潮　陶　鹏◎著

中国法制出版社
CHINA LEGAL PUBLISHING HOUSE

前言

PREFACE

近年来，在一系列重大突发事件的推动下，我国的应急管理体系不断完善，应急管理随之成为一门“显学”。因此，我们看到近十几年来应急管理方面的教材、读本很多，其中也有不少高质量的作品。而在法学领域，有关应急法的研究也逐步兴起，相关出版物的数量和管理学领域比起来虽然还不在一个量级上，但也渐成规模。不过，将应急领域的管理学和法学知识融合在一起编写的教材、读本，据我们所知，还没有先例。尽管在一些应急管理的图书当中，也包含了关于法律问题的一两个篇章，但就其在全书中所占的比重来看，还只是一小部分。所以，本书将应急管理和应急法学的知识结合在一起，以两者基本对等的篇幅来设计框架体例，并命名为《应急管理与应急法治十讲》，应该算得上是一个新的尝试。我们之所以做这样的尝试，正是因为看到了应急管理领域多学科交叉的突出特点，特别是管理学问题和法律问题在其中的高度融合。在2019年11月的中央政治局第十九次集体学习中，习近平总书记就应急管理体系和能力现代化发表了讲话，其中十分具体地提出了完善应急管理法律体系的路径。在2020年的新冠肺炎疫情防控中，习近平总书记又强调“疫情防控越是到最吃劲的时候，越要坚持依法防控，在法治轨道上统筹推进各项防控工作，保障疫情防控工作顺利开展”[①]。本书编写思路上的这种尝试，正是我们学习、领会这些讲话精神的心得和成果。

我们可以看到，应急管理领域中很多重要的体制机制设计和法律制度上的规定，呈现出“一体两面”的关系。因为应急管理领域的很多法律规范本来就带有总结“经验法则”的色彩，本来就是希望借助法律背后的国家强制力将应急管理中好的体制机制固定下来、贯彻下去。所以，这些“经验法则”从管理学的角度来看，是一些被实践证明行之有效的突发事件应对方法、策略；从法学的角度来看，则是人们在突发事件应对过程中应当遵循的行为规范。这种“一体两面”的本质特征，要求我们从不同角度入手，一起来认识、把握应急管理中的很多体制机制设计。

我们还要认识到，应对突发事件的行动所追求的价值指向是安全、稳定、秩序，而对这些价值的追求，无论在何种情况下都不免要以对个人自由不同程度的干预和限制为条件。即使在日常化的风险管理环节，政府对风险的干预也是以对个体自由的限制为代价的，遑论在突发事件暴发期中各种非常态应急措施对个人权利甚至是基本权利的克减。这就意味着，几乎所有应急管理方法和技术的应用，其背后都关涉公私权力（权利）的一系列安排。这些安排只有在符合法学所要求的价值判断的前提下，人们才会认为它们是正当的，是可以被接受的，因而也才是可

① 《习近平主持召开中央全面依法治国委员会第三次会议强调全面提高依法防控依法治理能力为疫情防控提供有力法治保障》，载《人民日报》2020年2月6日，第1版。

持续的。因此，我们可以说，应急管理中的绝大多数政策过程都牵涉法律问题，两者之间的紧密关系达到了须臾不可分离的程度。

我们还注意到，基于突发事件的不确定性这一本质特征，应急管理领域的法律体系有着鲜明的特殊性。和其他领域的法律比起来，应急法在刚性和弹性、稳定性和变动性、普适性和个别性等方面都存在明显的内在张力。这就要求我们的司法机关、执法部门在理解应急管理领域的法律时，不能过于僵化地恪守传统的法教义学立场，而是要以更加灵活的方式，实质化地把握、理解法律的目的和精神。为了做到这一点，相关的执法者、裁判者了解一些应急管理中的框架性、基础性知识，就很有必要了。

基于上述几点认识，我们希望主要面向应急管理领域的实务工作者，提供一本将管理学和法学知识融合在一起的读本。考虑到这一目标，我们将简明性、通俗性、可读性作为本书在写作风格上的主要追求。一方面，我们选择了这个领域中最为重要和基础的管理学和法学问题，整合为十个章节，尽量用简明扼要的文字加以介绍，避免长篇大论。我们所选择的问题包括应急管理中的基本概念、风险管理的基本框架、应急预案体系及其管理、应急管理中的社会共治、激发和创新我国应急管理制度优势、法律在应急管理中的作用、应急管理中的基本法律原则、我国应急法制的体系框架、应急管理中的责任机制，以及对常见应急管理术语法律内涵的解析。另一方面，我们尽量将学术语言转化为通俗的词语和句子来表达，力求避免佶屈聱牙而影响阅读体验。当然，由于应急管理和法律毕竟不是为大众所熟悉的日常阅读领域，为了避免在文字上走向引喻失义的另一极端，我们不可避免地在书中使用了一些核心术语，因此，本书的通俗化工作也许做得还不够彻底。

本书由林鸿潮和陶鹏合作完成。林鸿潮撰写了本书的第三讲、第六讲到第十讲，并对全书进行了统稿；陶鹏撰写了本书的第一讲、第二讲、第四讲、第五讲。

目录

CONTENTS

第三讲　应急预案体系及其管理

第四讲　应急管理中的社会共治

第六讲　法律在应急管理中的作用

第七讲　应急管理中的基本法律原则

第八讲 我国应急法制的体系框架

第九讲 应急管理中的责任机制

第十讲　常见应急管理术语的法律内涵

第一讲

1

应急管理中的基本概念

概念是对知识的高度抽象和概括，是人们基于实践从特定对象的诸多属性中进行的概括。作为构成科学理论体系的基本单位，理解和掌握基本概念是学习和掌握一切科学知识的前提。在应急管理的实践中，有诸多基本概念，其中的核心概念包括“风险”、“危机”、“灾害”和“突发事件”，以及在此基础上衍生出来的“风险管理”、“危机管理”、“灾害管理”和“应急管理”等相关概念。在这一讲，我们基于学术界的研究成果，对上述相关概念进行简要的梳理和整合。概念学习应当遵循马克思主义哲学普遍联系的原理，因此，我们在这一讲不仅对核心概念进行了界定，还梳理了概念之间的逻辑关系，并结合现实情境以加深读者的理解。除此以外，为了便于读者对本书后续内容的学习，我们在这一讲还对中华人民共和国成立以来“分部门应急管理”和“综合应急管理”的发展历程及其特征进行了梳理，并对我国应急管理体系和能力现代化进程中所面临的核心挑战进行了探讨。

一、风险、危机、灾害、突发事件

千百年来，人类在遭受各种各样突发事件侵袭的同时，也一直进行着抗争和反思。在应急管理实践中逐步衍生出了“风险”（risk）、“危机”（crisis）、“灾害”（disaster）和“突发事件”（emergency）等一系列概念。

首先是风险。“风险”是一个意义十分丰富的词汇，在口语和书面语中都有不同词义。在口语中可以表示危险、冒险、机遇；在保险学的话语里它可以表示机会和不确定性；而在科技领域它又可以表示危险源、可能性、结果。通俗地说，风险指的是发生不幸事件的概率，核心含义是“未来结果的不确定性或损失”，指某一事件产生我们不希望看到的后果的可能性。关于“风险”这个词的由来，较为普遍的一种说法是：在远古时期，以捕鱼为生的渔民们每次出海前都要进行祷告，向神明祈求在出海时能够风平浪静、满载而归；在长期的捕鱼生活中，他们深刻体会到“风”所带来的无法预测、无法确定的危险，“风”就意味着“险”。学者们基于对风险认知的研究，将风险区分为客观风险和感知风险。前者认为风险是可以通过“风险=损失 × 概率”的方法进行测量的客观存在；后者则是对社会大众的风险认知的研究，强调由于公众对风险信息理解困难而很难对风险进行准确评估。

其次是危机。“危机”一词通常被理解为“十分紧要的危险关头”，指有危险又有机会的时刻，是一种事实状态。通过与风险相联系，我们可以得出“危机”的广义定义：已经或正在发生的事件，并对社会已经或可能造成严重影响的情境。危机是多种客观存在的风险共同作用所体现的结果，危机是个体、团体和社会发展的转折点，危机的解决强调决策者的问题解决能力。在全面联系的社会系统中，原先非政治性的问题可能成为政治性问题，因此，必须以全面的眼光看待危机。学者们认为，可以通过加强组织管理、完善制度设计实现对危机的预防、识别、隔离、处理和控制。

再次是灾害。“灾害”一词，是指能够对人类及其赖以生存的环境造成破坏性影响的事物的总称，包括一切对自然环境、人类社会的物质和精神文明建设造成危害的事件。经典的灾害定义，是将灾害看作一个触发并造成社会负面后果的事件。按照起因划分，灾害还可以分为自然灾害和人为灾害。中国传统语境中的灾害，通常被理解为自然灾害，外加人为灾害中的火灾。学者们认为，可以通过工程技术、教育和执行等手段实现对灾害的预防和控制。

最后是突发事件。除了以上三个常规概念，“突发事件”这一概念常常出现在我国政府实践的工作语言和法律法规当中。这一概念和西方国家的“灾害”一词含义基本等同，在中国传统语境中，“天灾人祸”中“天灾”的含义仅限于自然灾害外加属于人祸的“火灾”；而西方的“灾害”则不仅仅被看作自然或者技术的风险，还包括基于社会正常运行的例外，接近于我们讲的“突发事件”这一概念。

上文对风险、危机、灾害和突发事件的基本含义进行了阐述，那么，它们之间有着怎样的逻辑关系呢？

首先，是风险和危机之间的逻辑关系。在公共领域，风险是指一种可以引发大规模损失的不确定性，其本质是一种尚未发生的可能性；危机则是指某种损失所引发的政治和社会后果，其本质是一种已经发生的事实。因此，风险在前，危机居后，风险和危机之间存在着因果关系，风险是造成危机后果的根本原因。由于科学技术和人类认识的局限性，一些人没能认识到这种因果联系，他们往往认为某些特定的突发事件是"突发的"，忽略了危机产生的根本逻辑前提是风险的存在，对"风险"避而不谈。而对于特定领域素有研究的专家而言，却往往能准确抓住二者之间的因果关系。例如，气象站对洪涝、台风等灾害及其后果的准确预报，地震台对地震、地质灾害程度不同的预测，世界卫生组织专家对新冠肺炎疫情蔓延全球的预测，安全生产专家对各类安全事故的预警，以及社会科学家对于社会矛盾的积淀叠加必将引发社会冲突的预言等，都是有力的例证。

其次，是风险、危机和突发事件之间的逻辑关系。通常来说，"突发事件"的暴发使风险与危机之间的隐性因果关系立即转变为显性因果关系。在现实中，这使得无论是普通民众还是领导干部都开始面对这种因果关系。这一显性的因果关系往往有两种表现路径：第一，某一起大规模的突发事件就可以使风险和危机之间潜在的因果关系显性化，这是风险和危机之间隐性因果关系的集中暴露，最终引起社会关注的急性危机；第二，多起不明显的小规模突发事件逐渐使风险和危机之间潜在的因果关系显性化，这是风险和危机之间隐性因果关系的缓慢释放，最终产生不易为人们所觉察的慢性危机。对于风险和突发事件之间的关系，因为风险能够放大突发事件本身的后果，即便是一起小规模的突发事件也有可能变成大规模的突发事件。综上所述，风险、危机和突发事件之间存在着不可分割的逻辑链条，而且，几乎所有的突发事件都可以在这个逻辑链条中得到解释。例如，地震、极端天气等这些通常被认为是突发的、与风险无关的自然灾害，越来越多的证据表明它们的社会属性也很明显。例如，2008年中国先后遭受了南方雨雪冰冻灾害和汶川地震，从灾害程度而言，南方冻雨雪的严重性比汶川地震要弱，但它给中国政府及其领导下的“春运”带来了很大的危机，一些人当时对政府的能力提出了质疑。但是，同年发生的汶川地震不仅没有给中国政府带来危机，反而以随后抗震救灾中的表现向全世界生动展现了中国政府在应对大规模灾害时出众的领导能力。同样，2010年在西半球连续发生了里氏7.3级的海地地震和里氏8.8级的智利地震，智利地震的灾害破坏力远远超过海地地震。但是，海地地震给海地的国家、政府和人民带来了大灾难般的危机，而且这种危机的影响一直持续到现在；而智利地震只造成400多人死亡，并未给智利政府带来负面影响。可见，社会性因素是导致两国灾害结果差异的主要原因。

二、风险管理、危机管理、灾害管理、应急管理

围绕着风险、危机、灾害和突发事件，产生了风险管理、危机管理、灾害管理和应急管理四种行为模式，这些概念对实践产生了深远且巨大的影响。那么，上述四种行为模式应当如何理解呢？它们之间存在着什么样的关系呢？在我国的实践中分别处于什么样的地位呢？

在基本概念层面，首先要从风险管理入手来理解。风险管理，是指组织把环境中的风险可能造成的不良影响减至最低的管理过程。风险管理的对象是风险，风险管理的过程包括风险识别、估测、评价、技术选择和效果评估等，目标是以最小的成本获得最大的安全保障。

其次是危机管理。危机管理，是指组织对使其遭受潜在威胁和现实损害的情境进行管理，在这一过程中需要以沟通为手段对资源进行整合和配置，目的是要恢复组织正常的运营秩序和状态。如格林认为危机管理是“在危机事件中尽可能控制事态，控制损失且在事态失控后重新获得控制权的行为”[①]。其与风险管理最大的差异在于，风险管理强调前端，而危机管理强调后端。

再次是灾害管理。广义的灾害管理强调对灾害发生发展的全过程管

① ［澳］罗伯特·希斯：《危机管理》，王成等译，中信出版社2001年版，第19页。

理，包括前端的风险管理、灾害发生过程中的应急管理和灾后的恢复与重建过程。狭义的灾害管理则是指在灾害发生后进行的紧急管理行为。

最后是应急管理。狭义的应急管理是指政府和其他公共机构在突发事件的事前预防和准备、临事预警、事中处置和事后恢复的过程中，通过建立必要的应对机制，采取一系列必要的措施，应用科学、技术、规划与管理等手段，保障公众生命、健康和财产安全所进行的管理活动。广义的应急管理则是指包括风险管理、危机管理、应急（灾害）管理全部在内的“全过程应对体系”。从管理实践来看，“应急管理”是在原有的“灾害管理”基础上进行的有条件扩展，两者存在较高重合度，但也存在下述差异。一方面，应急管理相对于灾害管理来说，进一步增加了前端的“风险管理”和后端的“危机管理”；另一方面，应急管理不能完全适用于灾害管理的情境，譬如在旱灾情境中，由于旱灾同洪水、地震等自然灾害相比具有持续时间长、生成缓慢且影响不易察觉、影响的非结构性与空间的广泛性等特征，用应急管理的办法来应对旱灾可能会导致“应急失灵”。

目前，我国在上述几种管理实践中：应急（灾害）管理能力最强，绩效最好；危机管理次之；风险管理才刚刚起步。这种差异主要源于国家层面对不同管理模式重视程度的差异。党中央将应对国内外各种突发事件的能力和领导经济建设、政治建设、文化建设、社会建设的能力相并列，统称为“执政能力”，并专门作出加强党的执政能力建设的决定；从中央到地方建构了“一案三制”（应急预案、应急体制、应急机制和应急法制）的应急管理体系；加强了各级政府的应急能力建设；在应急管理中实行党政领导干部问责制和“一票否决”等。

尽管应急管理的绩效比较好，但如果要从根本上实现对问题的解决，还需要从危机管理入手。这是因为危机的根源是风险而不是突发事件，所以，危机管理要求发现真正导致危机的风险，以达到使同类危机不再发生的效果；而应急管理强调的是对后端的事态控制。现在我们经常看到，在处置城市逢雨就淹、食品安全事故、化工企业安全生产事故和群体上访等突发事件时见效慢、难以根除，其原因就在于只是停留于旨在控制事态的应急管理，并没有实行真正解决问题的危机管理。

当然，相比应急管理和危机管理，真正能够实现源头治理、事半功倍、防患于未然的是风险管理的模式。比如，针对日益严峻的社会安全形势，现在开始倡导对重大行政决策、重大建设项目开展社会稳定风险评估，实施提高劳动者报酬在国民收入初次分配中的比重，提高城乡居民所得在国民收入再分配中的比重等政策，探索建立健全诉求表达机制、利益协调机制、矛盾调处机制、党政主导群众维权机制，强调正确处理人民内部矛盾、做好群众工作等，这就是一种风险治理的思路。然而，所有这些工作才起步不久，要真正落到实处、产生明显效果，还需要我们付出极大的努力。

我们必须清楚地看到，应急管理并不能从根本上减少政府所面临的危机。中国当前最根本的问题是风险，而不是突发事件，只有涵盖风险管理、应急管理、危机管理的全过程应对体系才能根治风险，摆脱危机。如果说应急管理仅限于“头痛医头”的话，那么这里结合风险管理、危机管理和应急管理的全过程应对体系追求的则是一种“全身调理”，也就是“全过程应对体系”的广义“应急管理”。广义的应急管理应该被纳入国家治理结构优化的整体框架当中，实行“三位一体”的战略治理，其具体含义包括系统治理、动态治理和主动治理。首先，系统治理强调风险管理、应急管理、危机管理三者缺一不可，不仅要控制事态，减少损失，还要修复政府形象，增强政府合法性，更要借此契机推动社会改革，优化治理结构，化解风险，以此达成社会的长治久安。其次，动态治理从理论上讲，最理想的办法就是主动治理社会风险；但就现实而言，突发事件发生前针对风险的主动变革，总是既缺乏动力又充满阻力，难以启动。因此，应急管理不失为一个切入的契机，以应急管理推动危机管理，再以危机管理推动风险管理，是一个可以考虑的路径。最后，主动治理应当被置于优先位置。因为突发事件毕竟会造成人员伤亡、财产损失、社会失序等客观性恶果，而且也不能保证对每一次突发事件的应急管理都能够将损失控制在社会可以承受的范围之内。

如果从行动措施来看，我们还应当从全球化和中国国家转型这两大历史进程出发，通过对现代的不确定性和现代化的不稳定性进行反思，一方面积极推进气候治理等全球合作，另一方面主动推动国内治理结构调整以实现化危机为转机的战略目标。最终要实现风险管理、应急（灾害）管理、危机管理“三位一体”的治理，应当遵循以下“三步走”的路径：第一，从短期来看，以应急（灾害）管理为切入口，进一步完善初步建立起来的应急（灾害）管理体系；第二，从中期来看，从应急（灾害）管理推进到危机治理，推动某些政策的调整和制度的变革；第三，从长期来看，从危机治理推进到风险治理，优化社会结构，从根本上降低社会运行的不确定性。

三、单灾种应急管理和综合应急管理

在这一部分，我们主要对中国应急管理体系的发展历程进行简要梳理。基于灾种和部门两个维度，我们可以将其划分为1949—2003年“非典”之前以“单灾种—单部门”为特征的第一代应急管理体系，和2003年“非典”之后至今的“多灾种—多部门”第二代综合应急管理体系。2018年党和政府机构改革之后，我国又开始了应急管理实体部门之下的综合应急管理模式新探索。

（一）“单灾种—单部门”的应急管理

第一代应急管理体系的主要特点就是“单灾种—单部门”模式，这种灾种和部门分割的特征和计划经济时代的传统有着历史路径的依赖。在这一时期，由于“应急管理”这一名词在官方文献、理论研究和媒体报道中都极少使用，与实践更为贴近的应当是“灾害管理”的概念。这一时期的应急管理从体制机制上看，主要包括单部门负责制、临时性指挥部机制、外生性减灾机制、重大自然灾害的中央“兜底”机制四大特征。

首先是单部门负责制，其特征是由单一部门负责某些具体的灾害管理任务。例如，水利部门主要负责洪涝灾害的防范和应对，气象部门主要负责气象灾害的预报和监测，地震部门主要负责地震灾害的监测和预报，民政部门主要负责灾后的生活救助，安监部门主要负责安全生产事故的预防、救援和调查。但是，这种单部门负责制在制度上缺乏整体设计，只对洪水和地震等少数灾害的管理相对成熟，总的来说是一种“不完整”的应急管理。

其次是临时性指挥部机制，即通过设置特定的议事协调机构来补充单部门负责制的不足。具体包括，在国家层面设立了国家防汛抗旱总指挥部、国务院抗震救灾指挥部和国家森林防火指挥部来提升防汛抗旱、抗震救灾和森林灭火中对多部门进行协调的能力，从而在一定程度上弥补单部门负责制的缺陷。

再次是外生性减灾机制。在联合国“国际减灾十年”活动的倡导下，中国也成立了国际减灾十年委员会，并在“国际减灾十年”活动结束之后更名为中国国际减灾委员会，2005年更名为国家减灾委员会，简称“国家减灾委”。可见，在2003年“非典”之前，中央政府已经开始重视综合防灾减灾，但由于地方政府缺乏内生动力，通过这种机制推动综合防灾减灾的效果并不理想。

最后是重大自然灾害的中央“兜底”机制。地方政府在自然灾害管理中的责任模糊，相应的机构设置也不健全。一旦发生重大自然灾害，救灾主要依靠中央“兜底”，地方政府缺乏积极开展防灾减灾的内生动力。

从总体上评价，“单灾种—单部门”的应急管理主要是一种和前后端相割裂的事后“修补”模式，缺乏综合性的应急管理视角。在实践中，这种管理体制无法实现综合防灾减灾救灾的目的。但是，这一模式能够在较短的时间内进行临时性的能力动员和资源整合，在应对1976年“唐山大地震”、1998年“长江流域洪水”等重大自然灾害中曾经发挥积极作用。

（二）“多灾种—多部门”的综合应急管理

第二代应急管理体系的主要特点是综合化。由于“单灾种—单部门”的应急管理体制无法实现综合防灾减灾救灾的目的，从2003年“非典”疫情之后，中国政府逐步建立了以应急体制、机制、法制和预案即“一案三制”为主轴的应急体系建设，依据突发事件的分类、分级、分期处置要求，通过突发事件造成伤亡人数、财产损失量、发生地区以及其他社会影响等指标判断事件等级，按照“属地管理为主、中央支持配合”的府际关系模式，对突发事件进行多部门、多主体综合协调处置。在这一时期，“突发事件”“应急管理”等概念开始频繁见诸官方文献、理论研究和媒体报道。以“一案三制”为核心的应急管理体系是对第一代应急管理体系的发展，既大部分保留了分灾种管理的体制机制，又进行了适度的扩展和创新。对照来看，综合化管理的体制机制主要有四个特征：

首先，建立了比较完善的事前单一部门负责制。以第一代应急管理体系为基础，在原来的水利、气象、地震、民政、安监等部门外，卫生、公安、外交乃至人民银行等金融部门都被赋予了相关类型突发事件的应急管理职责，扩大了单部门责任制的适用范围，从而形成了较为完善的分类应急管理体系。与此同时，在实践过程中强调分类管理部门需要在突发事件发生之前做好预防和准备工作。

其次，建立了事后高度统一的政府负责制。2007年颁布实施的应急管理领域基本法《突发事件应对法》规定，突发事件发生之后，由国务院、县级以上地方各级人民政府统一负责处置各类突发事件。而在实践中，这里所说的“政府”，是指广义的“政府”，就是包括党委和政府。例如，2013年“芦山地震”发生之后，在市、县两级，就由党委直接统一负责统筹应急响应行动。

再次，建立了附属式的综合协调机制。这一机制的建立是为了加强不同职能部门在突发事件应急响应中的协调性，通常由各级政府在其办公厅（室）内设应急管理办公室（简称应急办）。应急办在行政层级上低于同级政府的相关职能部门，主要是依托各级政府办公厅（室）的行政权威来开展协调工作。在这样的背景下，应急办在应急实践中的主要职能是应急值守和信息沟通，无法充分发挥代表政府对各职能部门进行综合协调的职能。

最后，形成了属地化的“责任下沉”机制。按照一些主客观指标，突发事件被划分为一般、较大、重大、特别重大四个等级，响应主体原则上分别对应于国务院、省（自治区、直辖市）、设区的市、县级人民政府，国务院只需要对特别重大或需要其协调的重大突发事件作出应急响应，其他级别的突发事件则由地方政府按照“属地管理为主”的原则进行应对。

（三）应急管理实体部门之下的综合应急管理新探索

自2003年“非典”疫情发生以来，中国应急管理体系逐渐从“单灾种—单部门”分隔管理走向“多灾种—多部门”综合管理。2018年机构改革之后成立了各级政府的应急管理部门，通过整合应急响应力量和调整政府部门架构，形成对自然灾害、事故灾难两大类突发事件的综合管理。因此，我们以应急管理部门的成立为划分标志，又可以将中国应急管理体系的综合化进程细分为两个阶段：一是以“一案三制”为核心的应急管理体系；二是以应急管理部为牵头组织的应急管理体系。这两个阶段都属于综合应急管理的范畴，都是在综合性和专业性之间进行取舍和权衡。在上文中，我们对综合化应急管理的主要特征进行了归纳，下文主要对应急管理实体部门之下的综合应急管理所面对的问题进行剖析。

首先，体制改革之后的应急管理和此前政府应急办模式之下的应急管理相比，面临着来自机构改革后的组织整合、非常态应急管理短板、全灾种管理内核因素缺失等挑战。在传统的“单灾种—单部门”应急管理向实体化应急管理部门转变的过程中，最值得关注的就是缺少了政府应急办这个专门的综合协调机构。以公共卫生领域的应急管理为例，在缺少综合协调机构的情况下，其应急管理部门即卫生健康部门逐渐在行政权威、协调联动、资源保障、应急准备等方面暴露出短板，尤其是新发传染病应急管理的系统脆弱性不断加剧。由于公共卫生风险具有复杂性和社会性两大基本特征，因此，此类事件的应对过程需要政府、社会、专家、市场、家庭、个人层面的协同参与，而朝向部门化的公共卫生应急管理体系由于缺乏协调性，难以处理好跨部门协同和应急保障问题，系统整体的脆弱性加剧，造成公共卫生风险转为公共卫生危机的可能性不断增加。

其次，从单灾种管理到全灾种管理的过程中，如何平衡二者之间的关系也值得深思。从单灾种管理向全灾种管理转变的过程中，对应急管理的规律性把握是实现这种管理模式转型的基础。全灾种管理强调在不同类型突发事件的应急管理中寻找普遍规律，也就是要在不同突发事件的应对过程中形成认知、话语、体系、架构、功能上的相对一致性，从而实现各灾种应急管理工作的协同开展。但是，这种全灾种管理导向的转变并不意味着对单灾种专业处置的完全取代，不同灾种在专业处置层面的差异仍然应当得到重视，应当逐步形成以应急管理原理内核和专业功能处置相结合的应急响应模式，片面强调两者中的任何一者都会导致应急管理体系的失衡。我们仍然以公共卫生应急管理为例，如果一味强调卫生健康部门的处置专业性，忽视应急管理内核在体系结构、功能、文化等方面的重要性，部门专业特性和应急管理特性之间的失衡就会导致应急管理原理和公共卫生应急体系之间的割裂。在新发传染病防控中，我们可以看到，其应急响应系统尚未发展成熟，主要原因就在于相关应急体制对应急管理基本原理的吸纳程度尚显不足，应急管理内核特征体现不够充分。

最后，当代社会中残余风险所引发的非常规突发事件对社会原有秩序的挑战应当得到重视。残余风险是人类知识体系可以感知到的风险之外的其他风险，与常规风险相比，是无法通过管理策略消除或者经常被忽视的风险类型。残余风险现实化所带来的危机，给应急管理带来了巨大的不确定性，危机应对能力较强的应急体系可以暂时依靠以往的经验知识和学习能力来应对这些风险带来的不确定性，但当多种残余风险带来的多重不确定性叠加作用时，人类既有的应急系统就可能无法应对这种深度不确定性所带来的“黑洞”。这种具有深度不确定性特征的残余风险不断增加，意味着非常规应急管理应当得到空前重视。应急管理是应对各种不确定性的正式行动体系，这个系统具有明确的目标、原则、正式组织结构和分工体系。但是，应急管理内部系统与外部风险复杂性之间差距的存在，提醒我们非常规应急管理体系的建设，是应急管理体系和能力现代化建设的重要方向。

第二讲

2

风险管理的基本框架

风险管理，指的是根据风险评估和对法律、政治、社会、经济等因素综合考虑之后所采取的一种风险控制措施，是由面临风险者进行风险识别、风险估测、风险评价、风险控制，对风险实施有效控制、妥善处理风险所致损失，期望达到以最小的成本获得最大安全保障的一项管理活动。现代风险管理从经济理性转向风险理性的实践表明，在高风险社会中，需要改造并重塑传统风险管理手段，全面识别、沟通和评估风险，从而达成风险治理格局。相比应急管理和危机管理，从源头开始治理的风险管理更能起到事半功倍、防患于未然的良效。比如，针对日益严峻的社会安全形势，现在开始倡导对重大政策决策、重大建设项目开展社会稳定风险评估，实施“双提高”（提高劳动者报酬在国民收入初次分配中的比重、提高城乡居民所得在国民收入再分配中的比重）政策，探索建立健全诉求表达机制、利益协调机制、矛盾调处机制、党政主导群众维权机制，强调正确处理人民内部矛盾、做好群众工作等，这就是一种风险治理的思路。

一、科学精准识别风险

科学、精准地识别和分析风险发生的概率和可能的后果，确定风险级别并决定哪些风险需要控制以及如何控制，及时发现各种风险隐患和暴露的各种问题，对于避免和降低风险具有重大意义。

（一）风险的类型

从不同的角度出发，风险可以划分为不同的类型：根据出现的时间先后，风险可以分为传统风险和新型风险；根据风险的发展演化特性，风险可以分为短期风险和长期风险；根据承担风险的主体，风险可以分为个人风险、家庭风险、企业风险、国家风险等，其中个人风险、家庭风险和一般企业风险也可称为微观风险，而国家（政府）风险则称为宏观风险；根据是否有获利机会，风险可以分为纯粹风险和投机风险。

最常见的风险分类是基于风险来源（致灾因子）的角度进行划分，以形成损失的原因为标准，风险可以分为自然风险、社会风险、经济风险、技术风险、健康风险、政治风险等。第一，自然风险是指由于自然力的非规则运动所引起的自然现象/物理现象和其他实质风险因素所形成的风险，如地震、海啸、暴风雨、洪水、火灾等。第二，社会风险是指由于反常的个人行为或不可预料的群体行为所造成的风险，如抢劫、偷盗、罢工、暴动以及制度引发的风险、政策或决策造成的风险等。第三，经济风险一般是指在生产经营过程中，由于经营管理不力、预测失误、价格变动或者消费需求变化等因素导致经济损失的风险。第四，技术风险是指由于科技发展所带来的某些不利因素而导致的风险，如核电站泄漏等。第五，健康风险是指如疾病、受伤、残疾、老龄化、死亡、流行病等一种或多种因素可能导致的健康负面效应，如各种新发传染病的暴发和流行。第六，政治风险是指起源于种族、宗教、国家之间的冲突、叛乱、战争所引起的风险以及政治权力的更替而引起的风险。

需要注意的是，各类风险之间是相互联系、相互影响的，有时候很难将它们明确区分。风险的出现往往是多方面因素偶合与叠加的结果，一种风险扩散后可能波及其他风险，并且不同的风险之间可能相互转化。例如，由于人们的长期行为引起的风险，以某种自然现象表现出来，则风险本身属于自然风险，但由于它是人们长期反常行为所致，因此又属于社会风险。又如，社会问题积累可能演变成政治问题，因此社会风险也酝酿着政治风险。

（二）风险的级别

对潜在风险进行快速分级，有利于我们采取有效的安全预防和控制措施，降低突发事件概率及其造成或者可能造成的损失。根据风险等级与风险发生的可能性及其不利后果之间的相关矩阵，结合风险识别中对风险发生可能性和后果分析的认识，我们可以得到每一风险的风险等级。根据可能性大小，我们可以将风险发生的可能性分为五级：A=极少发生（事件在极少情况下有发生的可能），B=不太可能发生（事件在很少情况下会发生），C=可能发生（事件在一些情况下可能会发生），D=很可能发生（事件在大部分情况下有可能会发生），E=几乎确定发生（事件在一般情况下肯定会发生）。根据事件发生将会产生的后果及其严重程度，并结合受灾体的脆弱性，包括客观损失（人员伤亡、经济损失等）和主观影响（敏感程度、社会影响等），我们可以将风险后果分为五级：1=几乎无影响（可忽略），2=一般（中等），3=较大，4=重大，5=特别重大（灾难性的）。在分析风险的可能性和损害后果的基础上，结合受灾体的风险承受力和控制力（脆弱性），确定风险等级并分别以特定的颜色进行标识，可以将其划分为：极高风险、高度风险、中等风险、低度风险，分别对应红色预警、橙色预警、黄色预警、蓝色预警。通过风险分级，我们可以明确哪些风险需要控制，哪些风险可以被接受和容忍，确定风险处置的优先级。当然，不同的风险影响因素非常复杂，随机性和不确定性大，定量风险评价比较复杂，因此难以确定一个统一的风险评估模型，关键是要在日常监督巡查和全方位摸底调查的基础上，根据风险自身的特性和相关的风险影响因素进行有针对性的分析和评估。

二、完善风险评估机制

在社会层面，风险在很大程度上表现为一个开放的、主观的社会建构过程和结果。这一过程使得人们感知风险时变得更加复杂，思维上的“先入为主”倾向和局限性都会影响风险评估的进程。如果只是在重大灾害发生之后再进行风险的社会后果评估，我们很难不重蹈“3·11”地震海啸之后日本核危机的覆辙。因此，改善现有的风险（包括其社会后果）评估过程，重视重大突发事件的后果受社会文化价值因素影响的程度，对于完善风险评估机制来说是非常重要的。

（一）推行脆弱性评估机制

风险管理手段的创新是未来应急管理制度优化升级的重要突破方向。我们应当构建以社会脆弱性评估为基础的风险管理，构建一套符合国情的脆弱性评估体系，其中包含对脆弱群体的识别，以及应急管理能力、本地灾害危机文化、经济社会发展状况等指标的测量体系，全面检视本地应急管理水平，从而为应急管理制度优化提供参考。在具体运作机制上，脆弱性评估作为一种有别于传统风险评估的机制，强调将本地风险特征和社会特征结合起来，建构具有本地化导向的测量指标，将本地社会的应急能力置于应急管理的首要位置，改变过去被动应付的局面和忽视各地特点、搞“一刀切”的管理作风。要更新价值理念，创新制度与技术，推行脆弱性评估机制，构建风险治理格局“非一日之功”。突发事件不能仅仅归咎于“天灾”、“偶发”以及“突发”，更应注意到事件背后的政治、经济、文化、社会等背景要素的作用，寻求其由风险经灾害（突发事件）到危机的演化规律。要树立风险可以被管理的理念，推动应急管理制度变革和技术革新。在应急管理整体机制设计层面，应当将突发事件作为自然、科技系统和社会制度背景相互作用的产物来理解，应急管理的目标在于消减自然和科技危险源，不断消减导致危机后果出现的社会脆弱性。在进行应急管理整体机制设计时，应当依据突发事件的生命周期过程，注重风险阶段的管理机制建构，补强风险管理和应急准备机制，优化现有的应急反应和恢复机制，消除“应急失灵”现象。

（二）落实社会稳定风险评估机制

从2005年四川省遂宁市试点以来，我国各级政府对重大决策社会稳定风险评估（简称“稳评”）的认识与实践不断深入，“稳评”在体制机制建设和理论建构上都有了长足的发展。特别是2012年中共中央办公厅、国务院办公厅发布《关于建立健全重大决策社会稳定风险评估机制的指导意见（试行）》之后，各地方、各部门对重大决策事项开展“稳评”逐步成为刚性要求，各种有关“稳评”方法、风险等级确定和风险防范的研究硕果累累。此后，四川省等地也出台了有关“稳评”的地方立法文件。在2019年施行的《重大行政决策程序暂行条例》中，

"稳评"被正式确定为决策前置程序中的一个重要环节，其第二十二条规定，重大行政决策的实施可能对社会稳定、公共安全等方面造成不利影响的，决策承办单位或者负责风险评估工作的其他单位应当组织评估决策草案的风险可控性。第二十三条规定，开展风险评估可以通过舆情跟踪、重点走访、会商分析等方式，运用定性分析与定量分析等方法，对决策实施的风险进行科学预测、综合研判。

开展"稳评"对于维护社会稳定，构建社会主义和谐社会具有重要意义。社会稳定风险评估的内容包括合法性、合理性、可行性、安全性，以及有可能引发不稳定因素的其他方面。评估程序包括风险调查、编制风险评估报告、接受评价审核三个基本环节。其中，风险调查包括风险识别、风险估计、风险对策和风险评判，其中风险识别的内容又包括风险因素、风险事件、风险筛选等；风险估计则包括风险的发生概率、产生影响和估计方法；风险对策则包括风险的应对策略、应急预案建议和责任人；风险评判则包括风险等级的确定标准、风险评判和风险排序。基于以上评估程序，可以得出社会稳定风险评估的结果，根据评估结果，通常将风险分为：无风险、较小风险、较大风险、重大风险，依据风险等级提出重大事项可以实施、可以部分实施、暂缓实施、不实施的建议。这些标准的程序和流程为"稳评"的顺利开展提供了基本指导。

"稳评"可以适用于重大行政决策、重大建设项目的可行性研究阶段、项目申请报告研究阶段，还可以供项目建议书阶段、设计阶段等其他决策环节的风险评估工作参考。"稳评"服务于政府重大决策主体、重大投资项目管理部门、项目单位和中介服务机构的风险评价工作，并可以为从事风险评价的管理、技术和维稳等工作的人员提供指导和参考。“稳评”报告通常作为项目可行性研究评估报告、项目申请评估报告的组成部分，由第三方机构在受托编制有关评估报告时一并编制。第三方机构也可以按照委托要求单独编制“稳评”报告，作为项目可行性研究报告、项目申请报告的附件一并报批。

从“稳评”兴起和发展的历史来看，“稳评”最初是地方政府为了解决传统“刚性维稳”机制成本高昂、末端治理、被动应对等缺陷而创制的改良机制，近十几年来发展迅猛。但应当承认，“稳评”作为传统“刚性稳评”的替代机制，尽管被冠以“精准维稳”“科学维稳”等光环，但其原初设计所蕴含“利与害”的判断标准与法治所追求的“是与非”的价值判断是相背离的，在一定程度上侵蚀和挤压了行政决策中的法治空间，并可能导致消极行政和不作为，甚至进入司法决策当中，威胁到了司法权威。但是，由于社会稳定风险作为建构性风险而非技术性风险的本质特征，要求通过参与方式才能实现对风险的确切认知和准确估量，因此，“稳评”在其实际推行的过程中，为了实现基本的有用性和可信度，逐步嵌入了公众参与、风险沟通等具体装置，出现了被改造为一种民主决策程序的契机，并在实践中逐步实现了在这一方向上的转型。转型之后的“稳评”在合理设定适用评估范围、坚持运用参与式评估方法、赋予评估结果以弹性效力等条件下，有助于增强重大行政决策程序的民主性，有助于沟通行政决策中“利害”和“是非”两个价值维度，其价值和功能值得我们继续深入挖掘。

三、建立有效的风险沟通机制

风险沟通作为风险管理的关键环节，其作用不容忽视。风险沟通在本质上属于一种信息传递、交流的方式，其目的在于使公共政策的利害关系人之间能够相互了解彼此的立场，及时解决公害纷争，公正制定彼此都能接受的管制标准。建立有效的风险沟通机制对于防范化解重大风险，具有重大意义。

风险沟通是指在风险环境中，不同利益群体之间传递风险的危害程度、风险的重要性或意义以及风险控制的决定、行为、政策的行动。风险沟通主要包括三个层面：告知、赋权、关系重建。在告知层面，风险沟通首先被理解为向公众提供可信信息的方式。风险沟通的发起者给公众、媒体提供有关风险的重要信息，向社会个体说明和告知有关风险的存在形态、严重性以及其他后果。在赋权层面，风险沟通应当调停来自不同立场的意见和利益纷争，变管制为赋权，在理解和参与中解决争端。让原本被动接受的群体变成主动参与的群体，允许并鼓励他们发出自己的声音，鼓励人们在一个相对开放的平台上交换意见，借此推动社会关系的改善，持续增进社会参与式合作。在关系重建层面，治理风险也需要从社会关系重建入手，有效的风险沟通建立在互信和尊重的持久关系上。为了重建和谐的社会关系，风险中的各个主体要素（公众、媒体、企业、政府）都需要共同参与到风险治理中，在相互学习中加强沟通，在相互理解中巩固信任关系，在信息交换中修复破损的社会联系。

风险沟通在政策制定和执行的过程中具有重大意义。从政策制定的视角来看，风险治理包括政府采取开放性态度、重视社会不同利益群体的声音与公众进行沟通的活动，其目的是合理利用政府政策权力，让自己从管理者变成协调者，从而建立长期沟通协调机制，化解风险争议，获取最大的社会共识。可见，风险沟通和风险治理是相辅相成的。在政策制定中，有效的风险沟通不仅可以实现利益相关个体和群体之间的相互理解，也可以使风险评估者、管理者更好地了解、掌握公众的声音和他们关注的问题。从政策执行的过程来看，风险沟通是将“治理政策”清楚明确地让公众知晓并理解的行动。由于风险沟通涵盖了社会、文化层面上的多元感知和争议性见解，因此，它从一开始就进入了总体风险治理的程序，而从风险框架的界定、风险评估的过程、风险决策的民主程序直到最后的风险管制内涵，风险沟通都是重要的参照步骤，并循环式地影响着其他步骤。由于风险在公众层面是一个开放、主观的社会构建过程和结果，在这个过程中，风险沟通将引导公众对风险的感知和了解，以及对风险管制行动的认知。风险沟通被认为扮演着和风险评估、灾难认定、政策制定、政策执行、政策评估等方面循环互动的核心角色。

风险沟通具有保护、教育、调停冲突和产生信赖与信心四大功能。其一，保护功能。社会个体或者群体在面临危险的时候会做出保护性防御行为，他们感觉到的危险信号越强烈，保护性措施就会越严密。除了亲身经历风险事故以外，大多数人的保护行为都源自间接的体验，其中政府的信息公开、媒体的新闻报道以及人际传播，都会在很大程度上增加公众的风险感知强度。其二，教育功能。政府机构及时公布事故、灾害的相关信息，告知公众所面临的风险类型和防范措施以及可能出现的严重后果，并对人们的风险行为做出容忍性的理解。这些沟通措施正是在实际行动中教育公众，传播必要的风险知识和科学的风险意识，阐明社会可以接受的风险范围，以供公众和媒体依循。其三，调停冲突功能。现代的风险沟通强调互动和公众参与，并且把政策的多主体介入看作民主的重大进步。风险沟通不同于风险传播的特点就在于，前者注重沟通对象的反馈与感受，不再把公众当成被动的信息接收者，而是给予其表达意愿的机会，利用政府适当赋权的做法来调解利益冲突，把风险沟通当成政府平衡各种利益的工具之一，这也凸显了风险沟通在政府各项公共政策推行过程中的协调功能。其四，产生信赖与信心功能。在危急情景中，人们总是希望得到支持和依靠。有效的风险沟通首先向公众和媒体传递政府机构的一种开放姿态，有助于获得被沟通对象的良好印象。之后，随着政府危机处理措施的不断落实，公开的风险信息发布，回应媒体和群体意见领袖的质疑等一系列行动的展开，公众的紧张、焦虑和恐慌情绪就会得到很大的缓解，从而恢复战胜困难的信心，更加依赖政府的风险管理系统。一旦人们对制度化的风险治理机制产生信心，那些在突发事件中被破坏的公共信任就会得到一定程度的恢复。

实现风险沟通需要处理好及时、适度和平等三项原则之间的关系。在危机来临之时，实施有效的风险沟通并非轻而易举，它受到诸多因素的影响和制约。政府要想灵活运用沟通原则以实现善治型的风险治理目标，就必须克服各种制约因素的负面效应，需要区分受众层次，调整沟通方式，把握沟通原则，增进公众参与。

首先，要增强公众对风险的理解力。个人对风险的恐慌少数情况下来自直接的风险经历，多数情况下来自其他社会成员与机构的信息传播和解释。通常情况下，许多风险都不是直接体验的，而大量间接的风险信息往往造成大众风险感知的模糊性、不准确性。错误的风险信息源导致了更坏的风险想象力，失望、恐惧和社会盲从就是其外在行为表现。因此，要完善公众对某些风险的理解，纠正那些错误的风险信息，除了坚持长期的风险意识培育和科普活动，还应该在风险事件发生时进行大量的、准确的、系统而通俗的风险正面信息大众传播。同时，克服风险带来的不确定性、模糊性，在风险中经历并养成必要的风险应对习惯，提升个人科学素养等，也是不可或缺的。

其次，要改善媒体的风险报道。在现代社会，没有人能逃脱大众传媒对其生活的影响，人们对风险世界的感知也不例外。风险管理不是单方面的风险传播，它需要积极的、多方面的风险沟通。因此，需要改进媒体在风险沟通中的表现，包括：提高媒体自身的风险理解能力，明确风险的来源，提高从业者的科学传播能力，在过去的风险经验中不断总结教训，帮助大众理解并澄清风险议题；健全科学的新闻信息合作交换机制，使从业者能接触到各种内行而且愿意合作的专家学者，做出合理且相对一致的判断。不同的新闻机构可以信息共享，增强有关风险议题的可靠性；把大众的利益放在关键位置，在报道中凸显民生，真正听取民间的声音，反映大众的安全诉求。

最后，要重塑政府的公共信任。现代社会日益复杂，个人对风险的经验被有关风险的信息所取代，个人对风险的控制也容易被制度性风险管理所取代。个人比任何时候都更加依赖那些为他们提供风险信息的人或机构的可信性和真实性。因此，对制度的公共信任成为解决风险感知及其问题反应的关键因素。妥善处理风险感知带来的不良后果，离不开公共信任这个基础。很多风险信息都直接或者间接来自政府，因此面对风险与危机，各级政府应该及时发布真实信息，引导大众的风险预期并让其参与风险管理，用公正的制度安排处置引发风险的直接责任人。只有这样，才能在当今这个弥漫着对政府不信任气氛的社会中，最大限度地重塑政府的公共威信，动员各种社会力量，共同应对可能发生或者正在发生的风险与危机。

四、合理运用政府风险管理的政策工具

政策工具又被称为“政府工具”“治理工具”，是政策目标达成的具体方式、方法及相应的措施和手段。合理运用政府风险管理的政策工具对防范化解重大风险具有重大意义，为此需要了解风险管理的政策工具构成，以及在我国情境下如何有效运用政策工具防范化解风险。

基于情境进行政策工具选择是理解政策工具应用的基础。以控制论为基础发展起来的风险管理政策工具架构，包括标准设定、针对被控制者的信息搜集和行为修正。首先，在标准设定层面，在实践运作过程中，涵盖了一些可见的技术层面的客观标准以及不可见的政治引导，政策工具主要包括标准规范的制度建设和标准规范的政治强化。其次，在针对被控制者的信息搜集层面，其内涵也扩大为信息收集和处理，风险信息的收集是进行信息的分析和开展后续政策干预的基础，政策工具主要包括风险信息的内部报送、风险信息的内部调查、风险信息的社会供给和风险信息的评估研判。最后，在行为修正层面，结合我国社会和政治情境来分析突发事件风险管理政策工具的多样性和应用偏好，政策工具主要包括结构性减灾工具、非结构性减灾工具、应急动员型减灾工具、责任关联型减灾工具、联合保障型减灾工具等。

我国政府的风险管理政策工具带有较为明显的政治动员导向。在风险管理的标准设定和引导层面，虽然法律和政策文本对于各类标准规范有着明确的指导作用，但政治系统可以通过一系列推广、指导来进一步强化对各类标准的指导。风险管理的标准设定和引导呈现为制度文本与政治动员共同强化的过程，制度文本是风险管理标准规范的基础，政治推动则是风险管理标准规范的强化。制度与政治维度是理解我国政府风险管理标准规范设定和引导的两个基本面向。同时，在使用偏好层面也呈现出一定的均衡性，体现出双重动力驱动。

在信息搜集层面，突发事件发生之后所采取的风险管理措施主要是进行风险信息排查收集和分析，以便开展后续管理。以政府层面为核心，通过检查、抽查等形式来开展信息收集成为突发事件暴发之后大范围风险整治的基本方式，从信息获取层面而言，这是相对主动的模式。信访、体制内信息报送等常规的风险信息收集方式与来自社会层面和被监管主体的多元信息供给，共同构成了风险信息收集的政策工具。会商、评估、研判等形式成为政府内部理解风险和制定应对措施的政策工具。风险相关信息对于风险管理至关重要，我国政府的应急管理历来重视信息来源及其处理，通过多元化的风险信息收集手段来获取全面信息。在理解我国突发事件信息收集与处理的过程中，政治要素的推动力不可忽视，它为风险管理提供了重要的信息获取手段。排查、专项检查作为信息搜集方式，受到来自政治系统压力的显著影响，因为受到突发事件带来的压力，而成为普遍的治理选择。同时，政府风险管理也越发重视风险治理的跨部门协商机制的建立。

在行为修正层面，风险管理的核心是通过促进各类主体的行为转变来提升风险管理实效，这也是风险管理政策工具数量最多、结构最多元的部分。结构性与非结构性的风险管理工具作为重要政策工具内容，尤其以非结构性工具在突发事件风险管理中的应用最为广泛。行业自律、资格准入、冲突调解、民生关怀工具体现出各自的灾种特色。例如，食品药品安全往往涉及行业自律行为和资格准入问题，冲突调解和民生关怀则是解决社会稳定风险的重要政策工具。除了基于一般性和灾种性的政策工具，还有一些基于政治情境而衍生出的工具值得关注，如应急动员、责任关联、联合保障等政策工具的使用，体现了政治系统为了有效达成风险管理各类主体行为转变目标而采取的基本策略。应急动员型工具的使用和灾后政治压力情境下的动员存在密切联系，通过灾后快速、大范围的应急动员来部署对风险问题的整改，通过政治问责机制、联合保障机制来实现短期内突发事件风险的消减，避免出现突发事件高发情形。而从长期的风险消减来看，政治系统会通过控制地方党政领导的考核来引导地方政府风险管理行为的转变，绩效评估和政治激励方式作为我国政府风险管理的政策工具被广泛使用，风险管理与政治晋升的关联增强了风险管理的长效性。总的来看，一般性、灾种性和政治性工具的综合运用，成为我国政府推动风险管理相关主体行为转变的基本政策。

第三讲

3

应急预案体系及其管理

在2003年的“非典”疫情之前，“应急预案”一词对绝大多数人来说都是陌生的。但是，随着“非典”之后我国公共应急管理体系的迅速发展，特别是2008年南方雨雪冰冻灾害、汶川地震等重特大突发事件密集发生之后，诸如“启动应急预案”一类的语句频频见诸各种媒体，逐渐成为人们熟知的政府应急管理手段。我国现有应急预案体系的形成，始于2003年12月国务院办公厅应急预案工作小组的成立。经过数年努力，我国各级政府及其部门形成了“横向到边，纵向到底”的应急预案体系。2020年新冠肺炎疫情的暴发让世界看到了我国强大的应急管理能力，而应急管理能力的提升离不开完备的应急预案体系。我们不仅要意识到应急预案的重要性，还应适当了解应急预案的具体内容构成，理解府际预案体系有何差异，知道应急预案的编制需要遵循什么原则，以及如何进行应急预案的评估和管理。

一、应急预案的性质和体系构成

应急预案数量大幅增长、质量逐步提高、结构不断优化，在加强应急准备和有效应对突发事件中发挥了不可替代的作用，但目前，我国的应急预案也存在针对性、实用性、可操作性不强，培训不足，演练不够等突出问题。为此，2013年10月25日，国务院办公厅印发了《突发事件应急预案管理办法》(以下简称《管理办法》)，这被视为贯彻实施《突发事件应对法》、加强应急管理工作、深入推进应急预案体系建设的重要举措。

（一）应急预案的性质和我国应急预案的功能演变

应急预案到底是什么？在管理学上不难直截了当地给出定义。应急预案是针对可能的重大事故（件）或灾害，为保证迅速、有序、有效地开展应急与救援行动、降低事故损失而预先制定的有关计划或方案。其目的是解决突发事件事前、事发、事中、事后，谁来做、怎样做、做什么、何时做、用什么资源做等问题。既然应急预案旨在为突发事件应对中可以预设的问题提供指南，那么，它在法律上是不是一种行政法律规范呢？如果是，它在我国的法律规范体系中又应居于何种位置？应急预案又是否可以成为政府采取应急管理措施的直接依据？这些问题都值得讨论。特别是自2004年以来，国务院将“一案三制”概括为应急管理体系的核心内容，在形式上将预案与法制并立起来，更给人以预案不是“法”的直观判断。2008年汶川地震之后，以国家总体应急预案的修订为开端，应急预案体系建设已经开始了以完备化、可操作化和无缝衔接为主要特征的战略转移。2018年应急管理部组建之后，国家层面的应急预案又进入了新一轮的修订期。那么，判明应急预案的法律性质、规范效力及其在现有应急规范体系中的位置，对于把握应急预案体系建设的发展方向，就有着很重要的意义。

尽管在理论上不难明确应急预案的性质，但是，应急预案的上述功能和特征在我国应急预案体系建设的初期，曾经发生过重大的变异，而这种变异及其影响一直延续到今天，还没有完全消除。应急预案的异化表现在两个方面：一方面，绝大多数高阶（国家和省两级）的应急预案异化为应急法律体系的一部分；另一方面，低阶（省级以下）的应急预案由于对高阶预案的过度模仿而丧失了本来的功能和意义，处于被虚化的尴尬位置。

第一，异化为应急法律规范的高阶预案。在2003年“非典”疫情之后陆续开始编制、2005—2006年陆续完成的第一版应急预案尤其是国家和省两级的总体预案几乎不具备最起码的可操作性，也几乎没有在各种突发事件来临时作为工作方案真正发挥过作用。相反，这些应急预案以大量篇幅对政府应急管理各环节中的权力、职责、权利、义务进行了分配和设定，有的时候，这些规定甚至是创制性的，在没有任何法律依据的情况下规定了很多应急管理中的重要事项。之所以如此，根本原因在于当时的时代背景。2003年“非典”疫情之前，我国的应急法律制度还很不完善，很多领域的应急法律、法规还是空白，或者比较粗糙、原则。“非典”疫情之后，虽然整个应急管理体系建设进入了快车道，应急法制体系的发展也比较快，但远远赶不上应急管理实践的需要。而且，这个法制体系直到今天也还有很多不够完善的地方。如此一来，行政机关编制应急预案时就缺乏足够的法律资源，就不得不“立法滞后、预案先行”。换言之，在一定条件下由应急预案来扮演“法”的角色，“以案代法”，用于调整一定范围内应急管理活动中的社会关系，正是很长一段时间之内的现实所必需的。

第二，因为过度模仿而虚化的低阶预案。在应急预案的编制过程中，下级预案在编制方式、编制技术、框架结构等方面对上级预案有所沿用，是在所难免的。在我国，《突发事件应对法》第十七条提出了“国家建立健全突发事件应急预案体系”，但并未对应急预案编制和修改的程序与方式作出明确规定。在2013年之前，国家也没有出台过有关应急预案编制和管理方面的统一制度。因此，在很长一段时间的应急管理实践中，预案的编制天然遵循了自上而下的路径。这固然有下级机关业务水平有限、积极性不高等问题，但与当时预案编制的指导方针更是有着密切关系。在中央政府，根据2004年《国务院有关部门和单位制定和修订突发公共事件应急预案框架指南》（国办函〔2004〕33号）的规定，有关部门和单位制定、修订相关预案时需要参考该框架指南。尽管各编制主体“根据突发公共事件的性质、类型和自己的实际情况，可以适当增减或修改相应内容，调整结构”，但以该指南为参照物编制出来的各种应急预案，在结构和内容上便难免趋同。国务院及其部门编制应急预案之后，又以自身为模板，提出地方各级政府及其部门的应急预案编制框架，让后者“依葫芦画瓢”。由于下级机关在制定应急预案时，对自身特殊性的考虑严重不足，而是满足于照搬照抄直接脱胎于上级预案的编制指南以敷衍了事，造成低阶预案的模式化现象严重。这些预案内容粗疏笼统，大而无当，某些内容对上位预案的抄袭甚至近乎笑谈。所谓“上下预案一般粗”“原则的话很多”之类的批评，正是对此类现状的准确写照。

应急预案性质的异化有其特殊的历史背景，但造成了明显的负面后果，这种情况不应该长期持续下去。随着我国应急法制体系的逐步完善，特别是《突发事件应对法》的出台，以及其带动的各领域、各地方的立法高潮，各级政府及其部门在编制应急预案时可以运用的法律资源越来越丰富，已经不需要再靠应急预案来“以案代法”了。无论是国家、省级层面偏于作为法律规范的应急预案，还是省级以下本就应立足于实际操作的应急预案，都没有理由再放任其粗放下去了。与此同时，无论是理论界还是实务界，对应急预案性质和功能的认识都日益深化。在这些因素的影响下，应急预案正逐步回归其本质。2013年国务院办公厅印发的《管理办法》对应急预案性质的认识已经有所深化，其第二条规定：“本办法所称应急预案，是指各级人民政府及其部门、基层组织、企事业单位、社会团体等为依法、迅速、科学、有序应对突发事件，最大程度减少突发事件及其造成的损害而预先制定的工作方案。”这个定义虽然没有直接提及应急预案的法律性质，也没有阐述应急预案的编制依据，但明确了两点：一是应急预案的直接目的是“应对突发事件”，也就是把预案的编制要立足于事中应对这一点说清楚了；二是直接把应急预案定义为“工作方案”，这就将此前很长一段时间把应急预案当作法律规范的错误认识给澄清了。对应急预案法律性质认识最为深刻的立法，当属2019年4月出台的《生产安全事故应急条例》。其第五条规定："县级以上人民政府及其负有安全生产监督管理职责的部门和乡、镇人民政府以及街道办事处等地方人民政府派出机关，应当针对可能发生的生产安全事故的特点和危害，进行风险辨识和评估，制定相应的生产安全事故应急救援预案，并依法向社会公布。生产经营单位应当针对本单位可能发生的生产安全事故的特点和危害，进行风险辨识和评估，制定相应的生产安全事故应急救援预案，并向本单位从业人员公布。"第六条第一款规定："生产安全事故应急救援预案应当符合有关法律、法规、规章和标准的规定，具有科学性、针对性和可操作性，明确规定应急组织体系、职责分工以及应急救援程序和措施。"上述规定的进步之处体现在三点：一是强调应急预案的编制要符合法律、法规、规章和标准的规定，这就已经表明了应急预案本身不是这些制度的一部分，而是这些制度的实施方案；二是强调编制应急预案之前要进行风险辨识和评估，把应急预案的科学性、针对性和可操作性突出地体现了出来；三是立足于事中来界定应急预案的内容，没有把事前、事后环节的常态应急管理工作牵扯到应急预案当中来混淆其性质。

尽管立法上对应急预案的认识已经有了明显的进步，实践中各级各类应急预案的科学性、可操作性相对于起步阶段也有了一定的改善，但我们仍应看到，相当一部分地方政府和部门对应急预案的性质和作用还停留在过去的认识上。而且，我国的各级各类应急预案更新迭代都很慢，认识上虽已经有所深化，但很多应急预案仍然没有更新过来，内容粗糙、难以操作的应急预案仍然占了大多数。

（二）应急预案的体系和内容

1.政府及其部门应急预案

政府及其部门应急预案由各级人民政府及其部门制定，包括总体应急预案、专项应急预案、部门应急预案等。

第一，总体应急预案。按照《管理办法》的规定，总体应急预案是应急预案体系的总纲，是政府组织应对突发事件的总体制度安排，由县级以上各级人民政府制定。《管理办法》对总体预案的上述定位，符合各级政府总体预案的基本情况，但对其性质和功能的界定是存在偏差的。按照这种定位，总体预案实际上是一种应急管理制度。但这些制度实际上应当由法律、法规、规章和其他规范性文件来规定，应急预案作为一种操作性方案没有必要再去规定这些内容。我们认为，总体预案应当立足于解决这三个问题：一是规定本级政府应急突发事件的具体组织机构，因为这个问题是需要因地制宜来设计的，也需要有一个载体给予整体性的呈现，通过总体预案来解决这个问题比较适宜；二是对本级政府的突发事件应对起到兜底作用，因为专项预案的数量是有限的，也只可能针对常见的、重大的突发事件分类编制，不可能囊括全部类型的突发事件，当一些罕见的突发事件暴发时，就需要通过总体预案来兜底；三是越来越多的突发事件具有复合型的特征，多种类型的事件叠加在一起并相互关联，必须综合应对，不可能完全依靠一个专项预案或者若干个专项预案的简单组合来实现，总体预案在这种情况下要发挥托底的作用。总之，总体预案不是一种管理制度，而是一种操作方案；也不是对各种专项预案内容的概括和抽象，而是有其特定的功能。

第二，专项应急预案。按照《管理办法》的规定，专项应急预案是政府为了应对某一种或几种类型的突发事件，或者针对重要目标物保护、重大活动保障、应急资源保障等重要专项工作而预先制定的涉及多个部门职责的工作方案，由有关部门牵头制定，报本级人民政府批准后印发实施。专项预案和部门预案的区别并不在于谁应对的突发事件更加重要，而在于事件的应对是否涉及多个部门。如果涉及，就应当编制专项预案；如果不涉及，就只需要编制部门预案。一般来说，县级以上政府的应急预案体系比较完整，其专项应急预案的数量在40部到70部。

第三，部门应急预案。按照《管理办法》的规定，部门应急预案是政府有关部门根据总体应急预案、专项应急预案和部门职责，为应对本部门（行业、领域）突发事件，或者针对重要目标物保护、重大活动保障、应急资源保障等涉及部门工作而预先制定的工作方案，由各级政府有关部门制定。部门应急预案主要有三种情况：一是某种突发事件的应对基本上只涉及部门的职责，这种事件的应对制定部门的应急预案就可以了；二是某种突发事件涉及多个部门，已经有了总体预案或者专项预案，但这种突发事件在多个领域都有可能发生，每个领域的主管部门虽然并不是应对这类突发事件的主责部门，但也需要再制定一个本部门的预案去落实，如教育部门要制定教育领域的自然灾害、公共卫生事件等应对的部门预案；三是某类突发事件的应对虽然不是由某个部门承担主要职责，但这些部门对于预案的实施有保障职责，如交通保障、能源保障、物资保障、医疗保障等，也可能需要再制定一个部门预案来落实这种保障职责。

第四，联合应急预案。《管理办法》鼓励相邻、相近的地方政府及其有关部门联合制定应对区域性、流域性突发事件的联合应急预案。很多建立了区域应急管理合作机制的地方政府之间会制定这种联合应急预案，主要应用在环境突发事件、气象灾害、洪涝灾害等方面。

对于政府及其部门应急预案的内容，《管理办法》分门别类给予了比较细致的规定：一是总体应急预案，主要规定突发事件应对的基本原则、组织体系、运行机制，以及应急保障的总体安排等，明确相关各方的职责和任务。二是针对突发事件应对的专项和部门应急预案，不同层级的预案内容各有侧重。国家层面侧重明确突发事件的应对原则、组织指挥机制、预警分级和事件分级标准、信息报告要求、分级响应及响应行动、应急保障措施等，重点规范国家层面应对行动，同时体现政策性和指导性；省级层面侧重明确突发事件的组织指挥机制、信息报告要求、分级响应及响应行动、队伍物资保障及调动程序、市县级政府职责等，重点规范省级层面应对行动，同时体现指导性；市县级层面侧重明确突发事件的组织指挥机制、风险评估、监测预警、信息报告、应急处置措施、队伍物资保障及调动程序等内容，重点规范市（地）级和县级层面应对行动，体现应急处置的主体职能；乡镇街道层面侧重明确突发事件的预警信息传播、组织先期处置和自救互救、信息收集报告、人员临时安置等内容，重点规范乡镇层面应对行动，体现先期处置特点。三是针对重要基础设施、生命线工程等重要目标物保护的专项和部门应急预案，侧重明确风险隐患及防范措施、监测预警、信息报告、应急处置和紧急恢复等内容。四是针对重大活动保障的专项和部门应急预案，侧重明确活动安全风险隐患及防范措施、监测预警、信息报告、应急处置、人员疏散撤离组织和路线等内容。五是针对为突发事件应对工作提供队伍、物资、装备、资金等资源保障的专项和部门应急预案，侧重明确组织指挥机制、资源布局、不同种类和级别突发事件发生后的资源调用程序等内容。六是联合应急预案，侧重明确相邻、相近地方政府及其部门间信息通报、处置措施衔接、应急资源共享等应急联动机制。

应该说，《管理办法》对政府体系中各级各类应急预案的内容界定还是比较准确的，但也体现出一定的过渡性特征。主要表现在，对于高阶预案，仍然强调其必须承担一定的规范、指引功能，例如在将应急预案定位为服务于事中处置操作方案的基础上，要求国家层面的预案要同时体现政策性和指导性，省级层面的要同时体现指导性。

2. 单位和基层组织应急预案

《管理办法》规定，单位和基层组织应急预案由机关、企业、事业单位、社会团体和居委会、村委会等法人和基层组织制定，侧重明确应急响应责任人、风险隐患监测、信息报告、预警响应、应急处置、人员疏散撤离组织和路线、可调用或可请求援助的应急资源情况及如何实施等，体现自救互救、信息报告和先期处置特点。此外，大型企业集团可以根据相关标准规范和实际工作需要，参照国际惯例，建立本集团应急预案体系。

应该说，单位和基层组织应急预案的编制很难有统一的标准，因为不同单位的规模和能力差别很大。有的单位是专业机构，比如医疗机构、疾控机构，其编制的应急预案专业性水平比较高，甚至超过了政府及其部门的应急预案。但为数更多的单位和基层组织应对突发事件的能力是比较弱的，主要承担最初期的信息预警和先期处置，并尽快报告政府部门或者专业救援机构，也没有专业人员、专业能力编制高水平的应急预案，比如大量的中小学校。因此，这些单位编制预案的思路应该是比较收敛而不是发散的，就是立足于自身有限的应急资源规定信息预警和先期处置。其应急预案的形式甚至未必需要是正式的，可以采取“一张图”的简明形式。

3.现场工作方案和应急预案操作手册

《管理办法》还规定了应急预案的两类配套文件：一是现场工作方案。政府及其部门、有关单位和基层组织可以根据应急预案，并针对突发事件现场处置工作灵活制定现场工作方案，侧重明确现场组织指挥机制、应急队伍分工、不同情况下的应对措施、应急装备保障和自我保障等内容。二是应急预案操作手册。政府及其部门、有关单位和基层组织可以结合本地区、本部门和本单位具体情况，编制应急预案操作手册，内容一般包括风险隐患分析、处置工作程序、响应措施、应急队伍和装备物资情况，以及相关单位联络人员和电话等。

从性质上看，现场工作方案和操作手册都是应急预案的一部分，通常以应急预案附件的形式出现，是应急预案中最为详细、具体、操作层面的内容。对于一般的应急预案，没有必要区分预案的正文和现场工作方案、操作手册。这种区分主要应用在操作层次比较复杂的应急预案上，也就是应急指挥系统中的多个层级需要使用同一部应急预案的情况。一般来说，政府或者部门的决策层主要应用预案的正文部分，做出战略层面的指挥决策，并适当兼顾战术层面的操作；现场指挥机构、应急救援队伍及其工作人员则应当在理解、把握总体战略安排的前提下，主要运用战术层面的现场工作方案和操作手册。

二、应急预案的编制

（一）应急预案编制的基本环节

第一，拟定编制规划。《管理办法》规定，各级政府应当针对本行政区域多发易发突发事件、主要风险等，制定本级政府及其部门应急预案编制规划，并根据实际情况变化适时修订完善。单位和基层组织可以根据应对突发事件需要，制定本单位、本基层组织应急预案编制计划。

第二，组成编制小组。《管理办法》规定，应急预案编制部门和单位应组成预案编制工作小组，吸收预案涉及主要部门和单位业务相关人员、有关专家及有现场处置经验的人员参加。编制工作小组组长由应急预案编制部门或单位有关负责人担任。

第三，风险评估和资源调查。《管理办法》规定，编制应急预案应当在开展风险评估和应急资源调查的基础上进行：风险评估，指的是针对突发事件特点，识别事件的危害因素，分析事件可能产生的直接后果以及次生、衍生后果，评估各种后果的危害程度，提出控制风险、治理隐患的措施。应急资源调查，指的是全面调查本地区、本单位第一时间可以调用的应急队伍、装备、物资、场所等应急资源状况和合作区域内可请求援助的应急资源状况，必要时对本地居民应急资源情况进行调查，为制定应急响应措施提供依据。

第四，征求意见。《管理办法》规定，应急预案草案拟定之后，应当征求意见：首先，政府及其部门应急预案编制过程中应当广泛听取有关部门、单位和专家的意见，与相关的预案做好衔接。涉及其他单位职责的，应当书面征求相关单位意见；必要时向社会公开征求意见。其次，单位和基层组织应急预案编制过程中，应当根据法律、行政法规要求或实际需要，征求相关公民、法人或其他组织的意见。

（二）应急预案编制应当遵循的原则

《管理办法》对应急预案编制程序的规定，在当前条件下是值得肯定的，特别是比较充分地考虑到了预案编制的两个大原则，即科学性和民主性。科学性一是体现在编制小组人员的构成上，要求吸收预案涉及主要部门和单位业务相关人员、有关专家及有现场处置经验的人员参加；二是体现在要求预案编制应当以风险评估和应急资源调查为基础，这符合应急预案的本质，因为应急预案是编制主体自己实施应急管理制度体系的个性化操作方案，只有把风险评估和应急资源调查这两项基础性工作落实好，应急预案的质量才能够得到保证。民主性则主要体现在公开征求意见环节，充分吸收预案所涉相关主体和公众意见，这既有利于提升预案质量，也有利于预案在将来的有效实施。

在民主性与科学性两大原则的指导下，应急预案的编制应该遵循以下十项具体原则：第一，应急预案的编制需要建立在风险与脆弱性分析和公众对群体灾变事件行为的认识基础之上。首先要确认危险源、预判突发事件所带来的损失和影响，再结合突发事件中的群体行为特征进行预案编制，为预案编制的科学性提供保障。第二，预案编制需要体现行政体系的差异性，由于不同层级的政府在应急管理中的行为和角色分工不同，所以顶层预案的编制应当注重原则与协调，地方预案尤其是基层应急预案应当注重资源和能力分析与执行能力建设。第三，应急预案体系需要保留和鼓励应急行动的弹性空间。应急管理受到深层次文化的影响，在很多情况下，理性和组织文化的局限性会导致某些危机难以预见和处理，所以在预案编制中应当倡导自适应活动的开展，预案应该为低概率事件应对提供资源保障。第四，应急预案应当推动不同组织间应急伙伴关系的发展。在明确行动主体角色、分工、作用领域基础上，还需要推动府际之间、公私之间以及政府与社会之间的应急合作。第五，应急预案要与其他法规、政策、规划协调一致。第六，应急预案的文本要使用清晰、简明的语言表述，防止模糊化处理。第七，应急预案管理应当是一个持续性的过程，要通过演练和模拟来推动其更新。第八，应急预案编制在整个预案管理中的地位不应过重，它应当成为应急准备工作的一部分，但不是全部。第九，应急预案的编制应该是一个开放参与的过程。第十，应急预案体系应该避免庞杂，要注重通过协调、互通、整合、升级来管理各类应急预案。

三、应急预案的管理

（一）应急预案的审批、备案和公布

第一，报批。应急预案编制工作小组或牵头单位应当将预案送审稿及各有关单位复函和意见采纳情况说明、编制工作说明等有关材料报送应急预案审批单位。因保密等原因需要发布应急预案简本的，应当将应急预案简本一起报送审批。

第二，审核。应急预案审核内容主要包括预案是否符合有关法律、法规、规章，是否与有关应急预案进行了衔接，各方面意见是否一致，主体内容是否完备，责任分工是否合理明确，应急响应级别设计是否合理，应对措施是否具体简明、管用可行等。必要时，应急预案审批单位可以组织有关专家对应急预案进行评审。

第三，批准。国家总体应急预案报国务院审批，以国务院名义印发；专项应急预案报国务院审批，以国务院办公厅名义印发；部门应急预案由部门有关会议审议决定，以部门名义印发，必要时可以由国务院办公厅转发。地方各级政府总体应急预案应当经本级政府常务会议审议，以本级政府名义印发；专项应急预案应当经本级人民政府审批，必要时经本级政府常务会议或专题会议审议，以本级政府办公厅（室）名义印发；

部门应急预案应当经部门有关会议审议，以部门名义印发，必要时可以由本级政府办公厅（室）转发。单位和基层组织应急预案须经本单位或基层组织主要负责人或分管负责人签发，审批方式根据实际情况确定。

第四，备案。应急预案审批单位应当在应急预案印发后的20个工作日内依照下列规定向有关单位备案：地方政府总体应急预案报送上一级政府备案；地方政府专项应急预案抄送上一级政府有关主管部门备案；部门应急预案报送本级政府备案；涉及需要与所在地政府联合应急处置的中央单位应急预案，应当向所在地县级政府备案。

第五，公布。自然灾害、事故灾难、公共卫生类政府及其部门应急预案，应向社会公布。对确需保密的应急预案，按有关规定执行。

应急预案审批、备案和公布的有关程序，《管理办法》规定得比较详细，基本上遵循的是行政法规、行政规章和行政规范性文件的制定程序，对这些程序多有借鉴。这在原则上是正确的，因为应急预案在形式上毕竟也表现为行政规范性文件，而且其一旦实施对公民、法人或者其他组织的权利义务影响比较大，这和上述行政立法程序确有相似之处。但是，《管理办法》对应急预案编制中的一个特殊问题考虑得还是不够充分。比如，应急预案的审核和审查对专业性的要求都比较高，需要审查其合法性、科学性、可操作性、协调性等方方面面，而行政法规、行政规章和行政规范性文件的审核、审查主要着重的是合法性、必要性和是否符合党的重大决策部署、改革发展的需求等，其侧重的方面大多数是不同的。在2018年的机构改革之前，各级政府应急办承担着比较重要的应急预案审核、审查职能，但由于其在人员构成上缺乏必要的专业能力，这些工作很多时候流于形式。

（二）应急预案的演练

第一，应急演练的总体要求。应急预案编制单位应当建立应急演练制度，根据实际情况采取实战演练、桌面推演等方式，组织开展人员广泛参与、处置联动性强、形式多样、节约高效的应急演练。

第二，应急演练的频率。按照《管理办法》的要求，专项应急预案、部门应急预案至少每三年进行一次应急演练。地震、台风、洪涝、滑坡、山洪泥石流等自然灾害易发区域所在地政府，重要基础设施和城市供水、供电、供气、供热等生命线工程经营管理单位，矿山、建筑施工单位和易燃易爆物品、危险化学品、放射性物品等危险物品生产、经营、储运、使用单位，公共交通工具、公共场所和医院、学校等人员密集场所的经营单位或者管理单位等，应当有针对性地经常组织开展应急演练。

第三，应急演练的评估。应急演练组织单位应当组织演练评估。评估的主要内容包括：演练的执行情况，预案的合理性与可操作性，指挥协调和应急联动情况，应急人员的处置情况，演练所用设备装备的适用性，对完善预案、应急准备、应急机制、应急措施等方面的意见和建议等。鼓励委托第三方进行演练评估。

科学性、针对性、可操作性是应急预案的灵魂，是评价应急预案质量的核心因素。而要保证应急预案的质量，应急演练是最为行之有效的方式。应急演练一方面可以暴露出预案存在的问题，在演练结束之后修订完善预案，提升其质量；另一方面可以显著增强有关行政机关、救援队伍和其他参与者的应急能力。因此，对应急演练制度的设计是保证应急预案质量的关键所在。按照《管理办法》的规定以及当前实践，应急演练制度还存在以下几方面的不足：第一，应急演练和对演练效果的评估不是应急预案审批和备案的前置程序，而是其后续程序，有关部门批准应急预案或者接受应急预案备案，并不需要以该预案经过演练检验作为必要条件，这实际上就等于放弃了对演练质量的要求，导致大多数应急演练都是“走过场”。第二，大多数应急演练为了容易完成任务，其情景假设都是等级较低的应急预案，很少有以重大突发事件甚至极端事件作为情景假设的应急演练。由于演练的目的设定比较低，就使得演练对应急能力提升的作用实际上十分有限。第三，演练评估的独立性没有保证。实践中，大多数情况下的应急演练都是由组织者自己评估的，即使在委托第三方机构进行评估的情况下，由于第三方是受组织者委托实施的评估，是为了帮组织者“完成任务”，实际上也没有独立性，不可能严格把关，这也是应急演练的质量没有保证的重要原因之一。而由于上述原因导致的应急演练质量不高，又直接制约了应急预案质量的提升。

（三）应急预案的修订

第一，应急预案修订的条件。《管理办法》第二十五条规定，有下列情形之一的，应当及时修订应急预案：有关法律、行政法规、规章、标准、上位预案中的有关规定发生变化的；应急指挥机构及其职责发生重大调整的；面临的风险发生重大变化的；重要应急资源发生重大变化的；预案中的其他重要信息发生变化的；在突发事件实际应对和应急演练中发现问题需要作出重大调整的；应急预案制定单位认为应当修订的其他情况。

第二，应急预案修订的建议。各级政府及其部门、企事业单位、社会团体、公民等，可以向有关预案编制单位提出修订建议。

第三，应急预案修订的程序。应急预案修订涉及组织指挥体系与职责、应急处置程序、主要处置措施、突发事件分级标准等重要内容的，修订工作应参照其编制、审批、备案、公布程序组织进行；仅涉及其他内容的，修订程序可根据情况适当简化。

应急预案作为一个操作性方案和法律制度的预决策实施机制，需要及时更新保持其适应性。正如前文所介绍的那样，在我国很长一段时间内，将应急预案当作法律制度的细化和延伸，不但不要求及时更新应急预案，反而要求其保持较强的稳定性。这使得应急预案的更新速度很慢，而且，层级越高的应急预案更新迭代越慢。例如，国家层面的一些专项应急预案，自2005年、2006年前后编制以来，在长达十几年时间里一次也没有更新过，早就和相关突发事件应对的实际需要严重脱节了。即使《管理办法》认识到了这个问题，用专章规定了应急预案的评估和修订制度，但其确立的制度仍然不够彻底。《管理办法》所规定的应当修订应急预案的条件虽然相当全面，但这些条件的约束都是弹性的，这些条件是否构成是由预案编制主体自己来判断的。如果其认为这些条件都够不上的话，就不需要修订预案。比较全面的做法是，既规定这些弹性的修订条件，也规定刚性的条件，就是强制要求至少多长时间应当修订一次预案。即使《管理办法》难以“一刀切”地规定这种频率，也应当明确授权相应层级的地方政府或者国务院的主管部门在不同领域分别确定这种强制性修订的频率。

四、应急预案体系优化的方向

完善应急预案管理制度，重在提高应急预案的质量，特别是可操作性，同时进一步提升其合法性水平。为此，我们建议我国的应急预案管理制度在如下方面进一步完善：

第一，调整应急预案管理的步骤，进一步提升预案质量。应急预案初步完成编制之后，首先要经过质量评估，而不是直接报请审批和备案。而质量评估最好是通过应急演练来进行，且演练本身也必须保证质量。为此，可以考虑对预案管理的步骤做如下的调整：首先，应急预案初步编制完成之后，具体负责编制的机关应当按照预案组织一次应急演练，对演练的评估由预案的审批机关组织，而不是具体编制的机关来组织，以保证评估的独立性；其次，在组织应急演练的同时，预案初稿应当组织征求公众意见，特别是与相关领域突发事件应对存在利害关系的群体的意见；最后，根据演练评估和征求意见的结果，进一步修订应急预案，修订完成之后再报请有关人民政府或者部门审批，之后按照规定报请相关上一级机关备案。

第二，加强对应急预案合法性的审查。应急预案可以对法律、法规、规章中的制度进行落实和细化，但不能自行创设对公民、法人或者其他组织的权利义务安排。按照《管理办法》的规定，应急预案的审批、审查环节中也包括对预案内容的合法性审查，但实践中存在一个矛盾，就是到底由哪个机构来审查比较合适。如果交给承担相关突发事件应对职能的部门审查，而其对法律不够熟悉；如果交给司法行政部门审查，而其对应急管理业务不够熟悉。因此，比较合理的办法是由两个机构共同审查，司法行政部门审查合法性问题，承担相关突发事件应对职能的部门审查科学性、适应性等问题。

第三，对应急预案编制内容、编制形式的指导应当更加细化。目前，各级政府及其部门对各级各类预案的编制都有一些指导性的文件，但这种指导总的来说还是比较粗糙的。尽管《管理办法》已经注意到了各级各类预案之间的差别，并对其内容构成和功能设定进行了差别化的描述，但是，这种分类的详细程度仍然是不够的，不同层级的政府及其部门，不同类型、领域、规模的单位，其在突发事件应对中的角色定位、其所拥有的应急资源和应急能力、其编制和实施应急预案的专业能力，相互之间的差别比《管理办法》所呈现的要大得多。从目前的情况来看，高层级政府及其部门所编制的预案质量比较高，基层政府所编制的预案质量比较低；高风险行业企业的预案编制质量高于其他行业的企业，事业单位编制的应急预案质量普遍比较低。因此，各级政府及其部门应进一步加强对预案编制的分类指导，注重区分不同主体、不同领域应急管理任务的轻和重、主和辅、繁和简、难和易等，重点提升薄弱环节、薄弱领域、薄弱单位的应急预案质量。其中，最为关键的是要提升两类应急预案的质量，一类是极端情况、重大突发事件的预案，因为这是底线，保证对该类事件的处置效果是国家安全的需要，要不断加大投入，以提升应急预案质量为抓手来提高应对该类突发事件的能力；另一类是基层单位的先期处置预案，这些单位的预案编制能力最弱、预案质量最没有保证，但其先期处置对于突发事件应对的成败得失又十分关键，上级政府不仅要加强分类指导，还要加大投入，通过购买第三方服务等方式显著提升这些预案的质量。

第四讲

4

应急管理中的社会共治

群众是智慧的源泉，搞好应急管理工作，要坚持“从群众中来，到群众中去”的领导方法和工作方法。2020年新冠肺炎疫情发生以来，全国各族人民在党中央的坚强领导下共同“战疫”。在“战疫”斗争中，我们始终坚持党的领导，集中力量办大事；坚持以人民为中心，全心全意为人民服务；坚持群防群治，全面发动群众。中国的新冠肺炎疫情防控工作取得重大战略成果的背后，是无数个人和群体不懈的努力，人们在“战疫”斗争中直观感受到人民群众的力量是巨大且无穷的。我们知道，突发事件的社会脆弱性一直是摆在全人类面前的一道难题，风险是指一种消极结果出现的可能性，脆弱性则意指“被伤害”或面对攻击而无力防御，它是将风险可能转化为危机现实的“催化剂”。在社会科学看来，脆弱性可以来自政治、经济、社会、文化领域，群体脆弱性则是指个人、群体的特征以及它们所在的社会系统影响其抵御灾害风险、应对突发事件以及灾后恢复的能力，脆弱性分布让群体不公平地暴露于各种风险之中。关于突发事件和社会群体的关系与互动分析是应急管理政策产出的理论基础，社会脆弱性出现的原因是多种多样的，但是其与我们当下所处的社会紧密相关。突发事件的社会脆弱性提醒我们必须坚持群众观点和群众路线，推动应急管理社会共治，尤其是社会组织的合法、合理参与。

一、突发事件与群体脆弱性

确定哪些人群更容易受到突发事件的影响及对其原因进行分析，是社会脆弱性分析的核心任务。通俗地讲，所谓社会脆弱性就是“遭受伤害的可能性”，认识突发事件的社会脆弱性是进行应急管理的重要一步。在这一讲，我们从脆弱性视角出发梳理脆弱性的概念，以及脆弱性与韧性、脆弱性与风险之间的关系，并对脆弱性的原因进行分析，以期找到脆弱性治理的有效途径。

（一）灾害脆弱性的概念

在早期，突发事件被人们认为具有纯自然性和偶发性，而忽略了人为因素。随着应急管理科学的介入，以“脆弱性”（Vulnerability）概念作为整合式应急管理研究的新范式得以出现。脆弱性一词可以追溯到拉丁语中的Vulnerare，意指“被伤害”或面对攻击而无力防御。而在应急管理研究中，灾害脆弱性一般被定义为暴露于危险源之下而没有足够能力来应对其影响。

（二）脆弱性和韧性的关系

韧性的概念一般都与应对与恢复能力、适应能力联系在一起，较为典型的韧性定义有两个，一个是“非预期危险成为现实后的应对能力和韧性”，另一个是“利用现存资源和技能以适应新的系统和操作环境的能力”。对于脆弱性和韧性两个概念之间的关系，主要有两种理解：其一，认为二者分别处在连续统的两极，一极为脆弱性，即导致突发事件的原因；另一极则是韧性，即抵抗与应对突发事件的能力。脆弱性更多地被认为是受到威胁、暴露于危险当中，而造成群体处于危险境地的原因就包括社会、经济、政治、技术、地理区位等因素。从突发事件管理周期的角度来看，脆弱性关注的是减灾阶段，而韧性关注的是突发事件发生后的应对和恢复阶段。其二，认为脆弱性包含韧性，即认为韧性是构成脆弱性的一个因素，脆弱性和韧性在能力层面上达成统一。

（三）脆弱性与风险（灾害）的关系

在应急管理研究中，脆弱性的概念常常与风险、灾害联系在一起使用。其中，有两个等式被用来表述这两个概念之间的关系，它们分别是：

风险（R）=危险源（H）+脆弱性（V）

风险（R）=危险源（H）×脆弱性（V）

两个等式中的“危险源”是指极端事件并可能造成灾害，脆弱性是指可能造成损失的社会背景因素。等式中的风险概念也不再表述为一般意义上的“不确定性”，而是极端事件发生的一种可能性，风险被认为是灾害结果出现的可能性。两个等式所共同表达出来的核心思想，就是灾害（突发事件）的出现是极端事件与群体或个体所具有的社会特征共同作用的结果。

（四）群体脆弱性出现的原因

脆弱性可以被扩展到导致突发事件或者危机出现的各种因素，其中包括自然和社会层面的各种因素，我们将群体脆弱性的出现原因归结为个体资本、社会资本、公共资本、自然资本四个要素，四种资本要素分别通过自然与社会双重过程不断变化，使得群体的脆弱性水平动态变化。

第一，个体的社会经济状况差异。个体的社会经济状况是包含个体知识经验、技能、经济能力、行动能力、性别、年龄等在内的个人经济社会特征。受自然过程支配的群体脆弱性的个体资本要素包括性别、健康、年龄等，老、弱、病、残等脆弱群体是其最显著的表现。在社会分布层面，社会经济状况与群体脆弱性的关系更明显，财产、收入状况、社会保障制度等直接影响群体在突发事件过程中的自我保护能力，社会教育状况影响着个体的知识经验与技能水平，并直接决定了个体面对风险的态度和行为模式。

第二，社会资本差异。社会资本与社会关系网络有关，属于非正式资源系统。社会资本可以被视为一种非正式资源，以帮助社会成员成功应对突发事件和灾后恢复。社会资本同样受到社会与自然双重分布作用的影响，从而使社会关系网络的强度、密度以及同质性发生变化。

第三，基础设施能力差异。指政府通过公共财政投资建设形成的公共基础设施，属于正式资源系统，公共资本也存在着自然过程和社会过程的双重分布与变迁形式。公共资本在时空维度下也存在脆弱性叠加剧增的问题，即公共基础设施的功能维护、升级与能力更新，随着社会发展所带来的客观应灾需要的变化，以及公共设施的自然折损，公共资本在时空维度下便会出现应急能力和应急需求不符的情形。同时，公共基础设施的兴建是以政府公共财政为基础的，受区域公共财政能力不均衡和政府支出偏好的影响，也会导致公共基础设施在城乡之间、省际之间、区域之间的不合理配置。

第四，自然条件差异。自然资本作为一项重要资本，包含所处自然区位、土地、水源、动植物等。作为一项动态的资本，自然资本可以作为群体或个体所处环境的先存条件。一些居住在各种地质、气象等灾害频发地区的群体显然较多地暴露于灾害风险之下，群体间自然资本的先天差异造成了群体间的灾害脆弱性水平差异。同样，自然资本的动态性并非仅仅体现于其先存形式与后天自然变化之中，还受到社会制度以及人类对自然资源的开发和利用程度的影响。一些不合理的土地规划利用、环境破坏、不合理工业布局等，打破了原有的自然秩序，改变了传统的安全观，原先安全合理的居住区域变得不再安全，就会导致群体的灾害脆弱性出现并不断加剧。因为制度层面资源配置形成的自然资本条件的变化，同样使得群体间的灾害脆弱性水平表现不一。

二、灾害群体脆弱性的社会治理

构建以社会管理为路径的灾害群体脆弱性消减路径，旨在通过转变发展方式、确立政策价值基点、建设管理机制等手段，改善我国的应急管理体系。

（一）树立正确的灾害社会管理价值导向

首先，要确立非脆弱性社会发展的理念。灾害（突发事件）和发展之间的关系十分复杂，人类科技发展在一定程度上消减了自然风险，而发展所带来的城市化又加剧了人类与自然之间的矛盾。同时，社会群体在突发事件的风险暴露、应急准备、危机应对、灾后恢复等方面也呈现出能力差异性。灾害（突发事件）与发展之间的冲突性和社会群体之间的不平等性，要求我们建构灾害社会管理的宏观治理策略。

发展可能导致灾害，灾害将阻滞发展，而更好的发展战略可以防止或减少灾害损失。随着安全议题的逐渐兴起，改变片面追求经济增长的发展模式成为必然，要求我们将风险分析纳入到社会发展战略规划之中，在发展中注入风险思维，尊重自然规律，尊重客观专业性，全面评估发展政策、工程、项目的风险可能及其后果，从而减少社会群体的风险暴露程度。尤其是在经济建设当中，要正确处理经济发展和环境保护之间的关系，正确处理土地使用和防灾减灾之间的关系，不能让经济发展造成社会整体的灾害脆弱性加深，也不能让不合理的土地规划将部分社会群体置于灾害风险之中。就灾害社会管理战略而言，在防灾减灾过程中要注重减灾的“过程性”，减灾政策必须和地方发展规划相结合，与其他政策一并纳入到地方社会经济政策体系之中进行统筹考量。还应当注重发展规划过程中的公共参与，尤其是在弱势群体的权利与资源可得性差的背景之下，建立利益诉求机制，搭建社会群体共同参与的沟通平台，让灾害脆弱群体能够了解自身风险状况，参与到公共规划决策中，表达出对自身灾害风险的关注，保护自身利益，消减潜在风险。

其次，要以公共性为基础明确灾害社会管理的本质属性。群体灾害脆弱性分布的实质是权利、资源、政策、服务的价值分配过程。安全，或者说保护未来的短缺，已经成为制定和实施公共政策的一项重要工作。应急管理作为一种针对公共问题的政策制定、执行、评估、修订的公共政策过程，不仅要关注应急管理的过程性、技术性、执行性、科学性问题，还应当关注应急管理的价值问题。公共政策必须以公正、公平、公开为价值导向，以实现公共利益最大化为基本目标。应急管理中公共性缺位的主要表现是对群体灾害脆弱性的漠视，由社会变迁而出现的部分社会弱势群体长期停留在权利、资源可得性差的境地，进而使得部分群体更多地暴露于灾害风险之中。

社会管理是通过法制、体制、机制的创新与完善，以解决社会问题、协调社会关系、规范社会行为、化解社会矛盾、应对社会风险为基本任务，从而达成促进社会建设、改善社会环境、提升群众福祉、维护社会稳定、推进社会和谐的目标。社会管理，说到底是对人的管理和服务，维系社会秩序和化解社会矛盾是社会管理的总体目标和任务。突发事件所造成的社会影响具有非均衡性，正如前文所述，灾害群体脆弱性通过自然过程和社会过程在社会群体间进行分布，应急能力不足和突发事件引致的社会失序与矛盾都需要公共政策的干预。

（二）回应应急管理全周期内的社会需要

灾害社会管理，就是要通过社会服务将人力、物力、财力要素传递到相关社会群体，以完成对群体灾害脆弱性的消减，保障人民的基本生存安全。群体灾害脆弱性的重要表现是部分群体在应急设备、技术、场所、服务等方面的需求无法得到满足，灾害社会管理可以通过一系列资源投入与服务传递来回应应急管理全周期内的基本社会需要，尤其是对部分灾害脆弱群体做出有针对性的政策设计。

首先，应急准备和社会管理。应急准备指的是对灾害危机反应的准备程度，通过有效的事前准备可以使突发事件的应对更加及时、合理和有效，减少灾变事件带来的损失。受群体的社会经济状况、身体状况、教育背景等因素影响，其风险感知和应急准备水平存在差异。其中，资源能力是决定应急准备程度所不可忽视的要素，部分群体由于资源、技术、知识困境而放弃应急准备。此时，灾害社会管理就应该进入该领域，通过社会服务对部分群体的应急准备不足状况进行干预，分别从资源设备、知识技术支持、培训演练等方面提升群体的应急准备水平。第一，资源设备。应当改变当前应急资源的“倒三角”分布现状，将应急资源与权责重新划分，补强“第一线”应急管理组织的资源能力。在完成体制转变的同时，还应当加强资源装备的投入，尤其注重提升脆弱社区的应急资源水平。一般来说，应急资源设备包括运输装备、营救装备、个体防护装备、信息装备、医疗装备、公共预警装备、公共避难所等。根据社区的危险源特征，明晰应急设备需求，有针对性地投入相关资源，为脆弱的个人、家庭、社群提供公共应急资源与设备。第二，知识技术支持。应急准备规划需要对危险源、群体状况、社区状况进行脆弱性分析，并以此展开应急准备。脆弱社会群体需要外部知识和技术支持以实现科学有效的应急准备工作。第三，培训演练。灾害社会服务是对人的服务，通过对社会成员的训练和预案演习减少突发事件带来的损失，尤其是对灾害脆弱群体来说，由于应急所需的经济能力、行动能力不足，培训与演练显得尤为重要。

其次，应急疏散和社会管理。在应急管理中，编制应急预案是应急准备阶段的重要组成部分。在预案编制过程中，要避免将群众视为同质的、抽象的对象，在应急疏散预案中应当注意到社区中群体的现实差异，也就是要特别关注脆弱群体的疏散服务。在应急疏散政策设计中，需要对社区内的老、弱、病、残、孕、社会流动人员等群体予以特别关注，使社区中的每个公民都受到公平保护。那么，在应急疏散预案编制过程中就应当识别脆弱群体的存在，评估其应急能力，保障疏散路线与疏散过程的安全性和有效性；在应急疏散资源的调配上，要组织针对脆弱群体需要的疏散力量，采用符合其特征的疏散预警设备、药品、运输设备等；在避难场所服务上，要建立针对脆弱群体的应急服务项目和吸纳专业服务人员。

最后，灾后恢复和社会管理。灾后恢复可以从灾后公共救助、灾后重建、灾民生活风险干预、经济恢复、文化心理恢复等方面展开，无论是市场驱动型还是政府驱动型的恢复过程，这些要素都是灾后恢复的主要方面，并且通过一整套制度设计将灾后恢复纳入到高效有序的轨道上。灾害社会管理视野下的灾后恢复显然更具服务性，通过优化灾后恢复的人、财、物的投入方式，提升灾后恢复政策的有效性以及资源可得性，从而帮助脆弱群体摆脱在灾后恢复方面能力不足的困境。第一，灾后恢复中的社会组织管理。政府、市场、社会是公共服务的三种供给主体，社会组织是推进灾后恢复不可或缺的组成力量。灾害社会影响是多面向的，灾后恢复的社会需要也是多样的，难以通过政府单一主体完成灾后恢复，社会组织可以弥补正式部门回应性不足的缺陷。在满足脆弱群体的灾后恢复需求上，志愿性、专业性的非政府组织和社区自组织能够利用自身资源和比较优势满足灾后恢复的需要，因此，灾后恢复的社会服务就要更好地培育和发展灾后社会服务组织。第二，应急财政的公共性。预算管理、收支管理、绩效评估等公共财政手段经常被应急管理所使用，而公共性作为应急财政的基本属性不应被忽视。以公共利益为目标，严格应急财政过程、手段、对象的公共性，从而保障应急财政的社会效益。灾害脆弱群体一般处于社会弱势群组，有效灾后社会服务的获取需要有针对性的政策设计。例如，严格灾后财政支出过程，保障弱势群体的基本权利；积极创新税费支持手段，开展小型贷款，支持脆弱家庭与个人的再生产。第三，积极创新灾后恢复的社会服务手段。突发事件影响的多样性要求灾后社会服务必须不断创新以回应社会需求。就业支持、个人心理服务、教育等灾后社会服务形式对于脆弱群体的恢复至关重要。

三、社会组织有效参与应急管理

突发事件的脆弱性特征决定了其多元化应对趋势，不同于以政府为主要视角对突发事件应对的研究，我们在此重点论述社会组织参与应急管理过程的优势。

（一）社会组织的应急管理功能

在我国，社会组织参与应急管理的宏观策略包括技术介入策略、行动介入策略、资源介入策略和理念介入策略（见表4-1）。具体而言，技术介入策略指的是通过社会组织的专业技术优势参与应急管理过程，行动介入策略是指社会组织利用自身专业优势和能力实际投入到应急管理的运作实践之中，资源介入策略是指社会组织通过款物保障应急管理运转所需的资源基础，理念介入策略是指社会组织通过理念与价值倡导使个体、群体、组织乃至整体社会的应急行为模式发生转变。如果将应急管理过程划分为风险管理、危机管理、恢复/善后管理几个基本环节，我们结合社会组织在应急管理中的宏观策略，可以演绎出社会组织在应急管理不同阶段的功能图景。

表4–1 社会组织的应急管理功能矩阵

社会组织及其策略 \ 应急管理过程		风险管理	危机管理	恢复/善后管理
经济类	技术介入策略	风险评估、发展规划和减灾技术	灾情信息、应急技术和决策支持	危机调查、效果评估和重建规划服务
社会福利类	行动介入策略	风险治理参与和群体应急能力培育	救援和灾区服务	社会重建与发展
公益慈善类	资源介入策略	风险消减项目和设施资助	应急救援资源供给及其管理	款物捐助
社区类	理念介入策略	风险文化培育和发展理念刷新	灾区社会理性和灾害认知培育	灾后社会意识引导整合支持

第一，社会组织的技术介入策略。在风险管理阶段，社会组织利用专业优势为风险确认和评估提供技术支持，使政府部门能够更加理性地进行风险管理，而社会组织在群体脆弱性识别上也有其草根优势，社会组织的专业参与还能够为政府各项公共政策提供风险评估支持，以及为预测预警和风险消减技术发展提供支持。在危机管理阶段，通过专业救援组织的参与能够在信息收集、应急技术和应急决策等方面提供帮助。而在恢复管理阶段，社会组织专业且独立的优势可以为危机调查、应急效果评估和重建规划提供服务。

第二，社会组织的行动介入策略。社会组织在风险管理阶段可以作为风险治理重要主体，改善风险沟通效果，通过组织实施减灾项目，干预群体权利和资源可得性差距，消减群体灾害脆弱性水平，通过培训演练来提升志愿者乃至社会的应急技能。在危机管理阶段，社会组织通过其动员和社会服务能力，在灾区开展救援、灾民照顾、信息沟通以及疏散与避难服务。在恢复管理阶段则可以结合社会组织的常态目标投入到社会重建与发展的教育、文化、卫生、环保、扶贫和其他专项重建与恢复项目之中。

第三，社会组织的资源介入策略。在风险管理阶段，其功能主要体现在风险消减项目和公共基础设施建设的资助方面。在危机管理阶段，社会组织注重应急救援相关人、财、物的供给和管理方面。在恢复管理阶段，社会组织能够吸收更多社会捐助，为灾后重建提供资源支撑。

第四，社会组织的理念介入策略。在风险管理阶段，在微观层面，社会组织通过风险文化培育即通过对个人安全意识与责任教育来改善个体的风险认知与促使行为转变；在宏观发展理念层面，社会组织注重人与自然、发展与灾害之间的关系处理。在危机管理阶段，社会组织通过对社会理性和灾害认知的培育，消减由认知理念差距而产生的社会恐慌和社会失序。在恢复管理阶段，则体现为社会组织对灾区乃至整体社会意识正确引导和整合的支持。

（二）我国政府和社会组织的应急合作模式

可以将我国政府和社会组织应急管理关系模式用两个维度划分为四种类型：第一是应急管理服务差异性的维度，即社会组织和政府部门的应急管理服务内容相似程度。第二是社会组织在政府应急管理制度中的嵌入性维度，即社会组织是否获得合法性或被应急管理正式制度所吸纳。由此，我国政府和社会组织在应急管理中的互动模式主要可以体现为补充模式、替代模式、互补模式、疏离模式四种类型（见图4-1）。

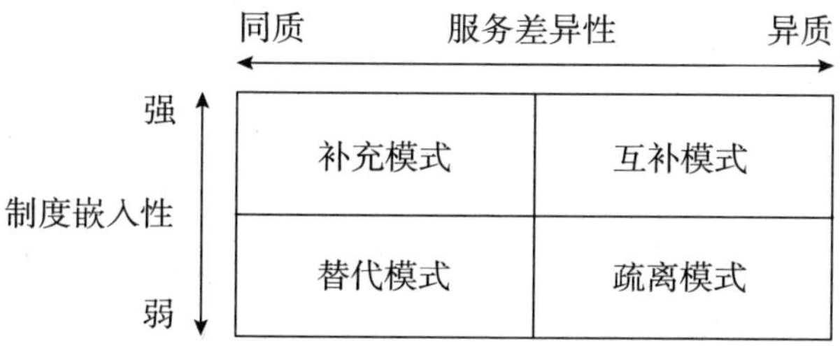

图4–1　我国政府和社会组织的应急管理关系模式

第一，补充模式。在应急管理服务内容上，社会组织和政府部门具有同质性，同时，在应急管理制度中拥有合法性和行动空间，可以在危机情境下协助政府回应社会需求，在各类突发事件应对中可以补强政府的应急管理能力。第二，替代模式。一些社会组织没有获得合法性或者没有被应急管理制度所吸纳，而且与政府部门应急服务内容同质，社会组织利用其草根性和组织弹性可以快速提供应急管理服务，随着突发事件进入稳定期，政府部门重新占据服务主导权，逐渐压缩社会组织活动空间直至将其替代，此类关系模式也是目前我国政府和社会组织应急管理合作的重要特征。第三，互补模式。社会组织和政府部门在应急管理服务项目上存在较强差异，社会组织利用其专业优势提供政府部门所无法提供的应急管理服务，同时，此类社会组织的制度嵌入程度较高，能够通过体制吸纳和契约关系等途径与政府形成有效互补。第四，疏离模式。一些社会组织未能获得合法性认同而无法被有效纳入应急管理体系，虽然可以弥补政府应急功能和社会需要之间的差距，但终因活动空间和地位问题而呈现出制度外参与情形，与政府应急管理体系难有互动，应急参与随意性和临时性特征显著，官民双方的应急力量未能实现有效聚合。

（三）我国社会组织参与应急管理的困境和挑战

第一，社会组织参与难以贯穿应急管理全周期，呈现片段化、碎片化和被动化倾向。应急管理被视为由预防与准备、监测与预警、救援与处置、善后与恢复所构成的动态循环全周期过程。显然，应急管理不仅有应急处置和救援这个阶段，一旦忽视预防与准备的重要性，便会形成“重处置，轻风险”的错误倾向，而“应急失灵”可能引致一系列不利后果。从参与阶段来看，社会组织参与应急管理主要集中于事中救援和事后恢复阶段，对于预防与准备阶段的应急管理参与十分有限。

第二，社会组织的应急救助项目没有自身特色，导致政府和社会组织间的合作关系难以长期维持。社会组织功能及其相应项目开发主要针对非应急期的各类社会发展需要，而对于应急期的救助专业服务能力和项目则缺乏建设。由突发事件的社会影响而产生的需要可以分为“反应引致需要”和“事件引致需要”。前者聚焦正式反应体系的应急作用，后者强调对于事件引致的多样化社会需要的回应。政府行为存在“趋中性”，即政府出台政策、提供服务时难以照顾到一些特殊的边缘群体，或者只考虑到这些群体的一般性需求，而难以估计到他们的某些特殊需求。突发事件中社会组织专业能力和特色服务项目缺乏而出现“志愿失灵”情形，导致在事中救援和恢复重建阶段比较容易被政府替代而被挤出应急参与体系，政府与社会组织间的合作关系难以长期维持。

第三，社会组织的应急网络未能搭建，政府与社会组织之间以及各类社会组织之间缺乏有效沟通与协作机制。不同社会组织的能力、目标、服务对象和活动范围存在差异，面对突发事件带来的不确定性环境，组织沟通不畅常常导致政府和社会组织缺乏基本了解，社会组织之间的应急服务协作出现困境。在当前我国的应急管理体系中，尚未出现全国性或区域性具有影响力的应急社会组织网络，各社会组织仍然各自为政，没有办法发挥非政府组织监督政府和灾后重建的效果。而在政府和社会组织应急合作机制建设的层面，应急管理信息系统的不完善导致资讯无法共享，资源呈现出重复配置、浪费等情形，难以达成社会组织和政府间的联合应急行动。政府应急管理信息系统难以保障自身技术性、权威性、共享性、及时性，导致社会组织难以分享资源和信息，从而无法有效瞄准灾害脆弱区域和群体在事前、事中和事后的需要。

第四，危机政治使正式应急管理体系和社会组织从合作走向替代，导致社会组织参与应急管理的可持续性和激励性不足。政府的突发事件应对工作可以由“管理”和“解释”两部分组成，管理是对突发事件的技术性和制度性应对，解释则是对由突发事件引起的社会情绪进行管理。危机管理也被视为一个由“合法性—去合法性—合法性再生”构成的动态过程。在巨灾背景下，政府资源和能力有可能暂时无法满足应急需求，这为社会组织参与应急管理提供了空间。而一旦突发事件进入相对稳定期或是灾后重建阶段，政府就会将应由政府管理的应急事务重新纳入其应急体系当中，将一些与政府应急管理功能同质的社会组织挤出应急管理体系，其结果必然打击社会组织的合作积极性。

第五，社会组织缺乏政府的地位认同，难以有效发挥其在应急管理中的比较优势。我国的社会组织管理模式使得社会组织的功能发挥必须依赖政府部门给予的地位认同，地位优先的思考模式漠视了社会组织功能多样化的重要性。政府对于社会组织参与应急管理没有切实从社会需要和应急功能优化视角出发，面对复合型、深度不确定性的应急管理情境，社会组织由于缺乏地位认同，而被长期隔离在应急管理制度之外，导致制度外应急参与现象十分普遍。虽然此类社会组织拥有比较优势，可以为应急管理事务提供支持，但却容易出现随意性、临时性、碎片化的应急服务，其可持续发展能力不足，导致政府部门和社会组织的互补合作模式缺乏基础。

第六，政府对社会组织的应急参与缺乏培育与制度建构，存在政府责任缺位现象。应急救援中的组织合作通常是以事前合作关系培育和制度建构为基础的，尽管在我国的应急预案体系当中，社会力量参与作为一个基本原则得到了强调，但对社会组织具体纳入、淘汰、培育和合作的方式却缺乏深入的制度建构。因此，被动、事后、临时性的合作关系常常缺少制度支持，除了一些社会组织能够进入应急救援和恢复的体制机制设计当中，大多数社会组织未能在事前参与到应急管理过程当中。尤其对于突发事件应对中兴起的群众自组织，政府部门更需要对其行动方式和作用进行有效引导与培育，参与方式和途径的制度建构不足应当被视为政府对社会组织的能力培育责任存在缺位。

（四）建构政府和社会组织应急管理合作伙伴关系的路径

第一，明晰社会组织在应急管理各阶段的角色与功能，实现政府和社会组织应急管理的全过程合作。在风险管理阶段（应急管理中的前端基础性、常态制度性运行阶段），需要将风险管理目标和社会组织常态目标进行整合。一是要整合社会组织的风险评估、发展规划、预案编制和减灾技术功能，通过识别和整合现有社会组织目标体系，通过制度吸纳或者契约合作的形式达成与政府应急功能的互补，以满足风险管理对风险分析评估的技术性、科学性、客观性要求。二是要将社会组织视为风险治理参与主体和群体应急能力培育者。社会参与作为风险沟通的基础，社会组织可以作为重要参与主体，保障风险管理政策产出的合法性、科学性、有效性。而社会组织的基层行动能力和行动项目，能够深入到社会群体中直接开展相关减灾项目、设施建设、志愿者培训、脆弱群体发展等工作。三是要利用社会组织资源体系达成风险消减目标。利用社会组织的资源能力弥补政府能力的不足，能够对基础设施建设、减灾设施和设备投入、应急演练等方面进行补充。四是要明确风险管理的根本在于推动文化转变，整合社会组织倡导公民个人和整体社会认知观念转变的能力，树立个人安全文化，形成“人人负责、从我做起”的风险责任观，增加组织和社会对风险与危机的理性认知并促使行为转变。

在危机管理阶段，面临具有不确定性、威胁性、联系性、紧急性的管理环境，需要快速而合理的应急反应，虽然社会组织的常态目标体系和应急需求存在一定差距，但可以充分发挥社会组织的志愿性特征，统筹协调社会组织加入政府的应急反应体系。一是将社会组织有机嵌入应急反应的信息系统、决策系统、评估系统、指挥系统，发挥社会组织的草根性、专业性、技术性优势。二是对社会组织的应急功能和政府类似情形进行功能归类管理，将应急功能结构化，以利于发挥社会组织在灾区一线救援、灾民照顾、信息沟通、疏散和避难服务等方面的作用，同时避免与政府正式应急体系的目标冲突和资源浪费。三是对与政府应急服务存在差异的社会组织，应当给予作用发挥空间，以满足危机情景下的多样社会需求。四是充分利用社会组织资源体系，发挥其在灾民基本生活资源、经济支援、救灾设备、资源运输和分配协调等方面的作用，完善社会组织筹资、捐助和行动等方面的规制措施。五是发挥社会组织在社会理性培育和危机公共沟通中的作用，社会组织的理念倡导策略可以提升社会对突发事件的客观认识，消解社会恐慌和失序，也可以利用其广泛的信任基础协助政府和民众实现有效沟通。

在恢复管理阶段，应急管理体系需要解决灾区社会秩序恢复、群众基本生活维持、灾区发展以及应急制度和文化层面的学习与反思。一是将社会组织纳入突发事件调查、应急效果评估以及灾后重建规划服务领域。社会组织可以作为重要参与主体，推动相关评估和调查在全面、客观、科学、民主的原则下展开，增强应急管理工作的合法性与有效性。二是将社会组织作为社会重建与恢复发展的基础力量，注重社会组织在恢复重建事务中的作用多样性，加强与社会组织在款物捐助、灾民照顾、心理重建、灾区环保、设施重建、脆弱家庭救助与发展、就业支持、立法、灾区风险消减行动等方面的互补合作。三是政府与社会组织共同推动灾后社会意识引导整合，如“自助互助”“预防为主”“志愿参与”等价值理念可以推动社会意识向积极方向聚合。

第二，建立政府和社会组织应急合作网络平台，构建合作网络核心运作机制。首先要确立政府与社会组织应急合作网络平台建设的基本原则，为了提升应急合作网络平台的作用，需要坚持常态化、综合化、互嵌化和开放化的原则。具体而言，首先，应急合作网络平台必须实现常态化运行，摆脱应急合作网络只在应急救援阶段才有互动合作的困境，必须使合作网络平台能够在平时常态运转和得到维护。其次，应急合作网络平台的综合化是指社会组织的应急管理功能不局限于救灾与恢复层面，还应拓展到风险管理层面，同时，双方的合作形式也不局限于资源和服务供给，更应扩展到技术、学习、资讯等方面。再次，互嵌化原则是要使政府与社会组织之间能够进行深层次互动，将社会组织应急网络嵌入到各级政府正式应急管理体系的相关子系统当中，明确社会网络的角色和分工，而政府部门也应当在社会组织应急网络中扮演支持者、参与者的角色，为社会组织应急网络持续发展提供支持。最后，开放化原则是要将政府与社会组织应急合作网络平台视为一个动态开放系统，广泛吸纳各类社会组织参与。

第三，推动政府和社会组织补充与互补并重的应急管理合作模式，提升社会组织应急服务的多样性和有效性。重构我国政府和社会组织的应急管理合作模式，解决由制度嵌入差异而导致的社会组织应急参与难题，解决因社会组织应急功能与政府同质性强而产生的互补关系缺失困境，还需要解决社会组织应急服务品质提升的问题。一是要改善社会组织本土发展的宏观环境，为社会组织的应急参与提供制度空间。当前我国社会组织的发展依然受到制度环境的阻滞影响，亟待增强应急管理制度对社会组织的吸纳能力。二是要发展政府和社会组织的互补型应急管理合作关系，按照“普遍倡导、重点扶持和专业发展”相结合的原则，实现社会组织应急管理服务的多样性和服务品质提升。

第四，鼓励并培育社会资本参与应急管理，夯实政府和社会应急合作的社会基础。人类面对环境变化，适应并维持社会功能的社会韧性包括价值、信念、能力、资源、政策等方面。社会韧性的实现需要强调本地社会资本的作用，应急社会资本培育也是应急管理的重要内容。一是要建立应急社会资本动态管理观念，将社会资本培育和应急管理过程相结合，在动态循环中培育、维持、发展社会资本，保障社会力量与资源能够持续有效参与应急管理。二是要明晰和倡导社会力量在应急管理事务中的集体责任与意识，突发事件越严重就越需要社会力量有序和规范参与。三是要吸纳社会组织进入应急准备当中，增强社会组织对应急管理的信任与积极性。应急管理系统的社会信任获取就是要注重应急管理事务中的社会参与平台和机制的构建。四是要坚持政府和社会组织应急管理合作的原则性与灵活性的统一，广泛吸纳本地社会的应急文化，尊重社会长期应急和处理突发事件形成的优秀经验、知识、行为模式，推动具有地方文化特色的应急管理合作。

第五讲

5

激发和创新我国应急管理制度优势

应急管理是国家治理体系和治理能力的重要组成部分，而应急管理体制与机制则是应急管理体系的核心和重要组织依托。应急管理体制是指应急管理系统的结构和组成方式，包括应急管理机构的设置、隶属关系确定、职权划分、关系协调等内容。随着我国社会经济的发展进入新时期，我国的公共治理模式和治理理念也在不断优化。一方面，社会力量和市场力量蓬勃发展，在我国的公共治理格局中发挥着越来越重要的作用。另一方面，社会内部各系统之间的联系变得更加错综复杂、相互作用影响，需要跨部门协调合作应对的事情越来越多，部门联系不断加强。在公共治理的新模式、新理念、新格局之下，应急管理领域的体制机制创新和功能再造成为激发制度优势的关键。

一、应急管理体制及其变革

（一）应急管理体制改革

2003年“非典”疫情之后，我国的应急管理体系建设逐渐从“单灾种—单部门”分隔管理走向“多灾种—多部门”综合管理，2018年应急管理部成立，通过整合应急响应力量和调整政府部门架构，形成对自然灾害、事故灾难两大灾种的专业综合管理。当前，应急管理体系建设仍然处在新旧体制转换期，从中央到地方都成立了应急管理部门，专职负责自然灾害和安全生产领域突发事件管理，公共卫生、食品安全以及社会安全类突发事件仍沿袭原有部门管理，地方党委、政府主要通过应急管理委员会或者应急指挥部来统筹各类突发事件的应对工作。应急管理的机构调整一方面强化了自然灾害和安全生产突发事件的专业综合管理，另一方面也对应急管理综合协调能力建设提出了更高的要求。

（二）应急管理部门的理想功能

应急管理部门角色应当定位于应急管理委员会（简称应急委）的办事机构，履行应急委设定的组织目标。在应急委的背景下，深化发展应急管理部门综合协调的角色，摆脱传统政府应急办以信息传输为主体的运行职能，进一步细化常态期与非常态期的应急管理职能。具有综合管理性质的应急管理部门作为应急委的办事机构，应当增加风险管理、应急准备和恢复阶段的职能，强化对应急信息、应急规划、应急资源以及应急能力的培育和应急监督等方面的职能。如此一来，在应急管理阶段和应急管理功能两个层面就实现了常态与非常态的有序对接，应急管理部门的职能得到进一步细化和延展。将应急委背景下的应急管理部门定位为全灾种综合应急管理机构和部分灾种的专业综合应对机构，能够超越原来的政府应急办作为单一信息枢纽的“有事应急，无事值守”职能定位，将其综合职能扩展为“应急值守、信息汇总、综合协调、应急规划、监督管理”，实现对应急管理过程中的风险评估与分析、应急资源管理、应急信息管理、应急组织协调、应急评估与规划、社会应急参与等的综合管理。我们将应急管理综合模式下的应急管理部门理想的职能状况概括如下（见表5-1）。

表5-1　应急管理综合模式下的应急管理部门理想的职能

职　能	常态期	非常态期
风险评估与分析	风险评估方法选择和指导，建立智库支持，组织内部风险沟通，开展公众风险沟通	风险信息更新和沟通
应急资源管理	应急资源调查，应急能力评估，应急资源平台（含社会力量参与平台），应急资源管理标准与政策	应急资源协调
应急信息管理	应急资源、队伍、指挥系统信息库建设，应急值守	应急信息报送与决策支持
应急组织协调	应急委日常工作，下设协调机构的运行管理，临时性协调会议	临时指挥协调

续表

职　能	常态期	非常态期
监督执行	应急能力检查与演练管理，风险管理检查	应急执行监督
应急评估与规划	应急管理战略规划，应急预案编制方法，应急预案管理与更新	应急处置过程评估

（三）应急管理部门与横向部门间关系的调整

我国应急管理的横向政府间关系调整，经历了从“单灾种—单部门”分隔管理走向“多灾种—多部门”综合管理的演变过程，呈现出政府部门间协调合作关系强化的特点。中华人民共和国成立后，我国长期实行以单灾种管理为主的分类管理模式，根据当时面临的最突出的突发事件，按照事件类型单独设置相应机构，由不同职能部门应对不同类型的突发事件。针对涉及跨部门协调的特定问题和个别领域，成立了中央防疫委员会、中央救灾委员会、中央防汛总指挥部、中央地震工作小组等临时性非常设机构。改革开放之后，突发事件牵涉甚广，复杂多变，单部门难以应对，需要跨部门解决的突发事件越来越多，在分类管理的基础上强化跨部门协调成为基本趋势。2003年以前，我国应急管理主要依托议事协调机构进行协调，应急管理议事协调机构在这一期间急速发展，机构数量大幅增加，覆盖领域不断扩大。2004年之后，我国主要依托政府应急办和部际联席会议进行协调。随着议事协调机构被清理整顿，由主办部门牵头进行协商的部际联席会议得到迅猛发展，成为跨部门沟通协调的重要工作机制。2003年“非典”疫情的应对过程暴露出我国应急管理组织存在的指挥不统一、信息渠道不畅通等问题。

随后，2006年国务院应急办设立，各级政府也纷纷建立应急办，履行“值守应急、信息汇总和综合协调，发挥运转枢纽”的职能。2007年年底，所有的省级政府和96%的市级政府、81%的县级政府，就成立或明确了应急管理办事机构。2018年党和国家机构改革整合了应急管理相关职能部门和议事协调机构的职责，组建应急管理部，各地随后也陆续组建应急管理部门。应急管理部被赋予“四个部门”的职责，定位为防范化解重特大安全风险的主管部门，健全公共安全体系的牵头部门，整合优化应急力量和资源的组织部门，推动形成中国特色应急管理体制的支撑部门。

（四）应急管理纵向政府间关系的调整

我国的应急管理纵向政府间关系经历了从“中央主导、统包统揽”走向“分级负责，属地管理”的过程，呈现出权力下放的特点。改革开放之前，中央统一调配资源，中央各部门对各自所管辖事务实行垂直领导，中央政府基本掌握了国民经济发展和行政管理的人权、物权、财权和事权；地方政府是中央政府机构的延伸，扮演了中央计划执行者的角色。在中央统一领导为主的层级关系状态下，我国形成了“受灾群众找政府、下级找上级、全国找中央”的应急管理格局，应急权力、应急资源、应急力量的配置呈“倒三角形”状态，越往上层级越高，权力越大，资源越多，力量越强；重特大突发事件发生后，中央承担应对总动员的角色，由党中央、国务院、中央军委直接进行决策部署，动员全国力量进行救灾。改革开放以来，随着社会主义市场经济制度的建立、分税制的实行、政府机构与职能的改革等，我国的中央与地方关系发生了实质性变化，中央不断向地方放权，地方的自主权不断扩大。在应急管理领域，改变了以往举国体制下中央大包大揽的总动员模式，确立了“分级负责、属地管理为主”的基本原则，在发挥好中央统筹指导作用的同时，强化地方各级政府在应急管理中的主体意识、主体责任、主体作用。2007年颁布实施的《突发事件应对法》把“分级负责、属地管理为主”确立为我国应急管理体制的基本内容之一。2013年芦山“4•20”强烈地震发生后，中央首次明确了“地方作为主体”的新机制，实现了由中央直接安排部署到地方具体负责的转变。2016年印发的《中共中央 国务院关于推进防灾减灾救灾体制机制改革的意见》，把“坚持分级负责、属地管理为主”列为推进防灾减灾救灾体制机制改革的基本原则之一，强调中央发挥统筹指导和支持作用，各级党委和政府分级负责，地方就近指挥、强化协调并在救灾中发挥主体作用、承担主体责任。2018年应急管理部组建之后，《关于国务院机构改革方案的说明》明确指出，“按照分级负责的原则，一般性灾害由地方各级政府负责，应急管理部代表中央统一响应支援；发生特别重大灾害时，应急管理部作为指挥部，协助中央指定的负责同志组织应急处置工作，保证政令畅通、指挥有效”，即在纵向府际关系上，强调基层政府及所在市级或省级政府在突发事件管理中的突出作用，中央政府以资源和政策工具发挥支持与配合作用。

二、应急管理机制及其功能

应急管理机制是指国家机关、企事业单位、社会团体、公众等各类主体，在事前、事发、事中和事后应对突发事件全过程中，使用的各种系统化、制度化、程序化、规范化的方法和策略的总称。我国建立应急管理机制的基本要求是：统一指挥、反应灵敏、协调有序、运转高效。近年来，我国应急管理机制建设步伐加快并取得了显著成果。在我国应急管理体系建设中，突发事件应对可以被划分为风险管理阶段、准备阶段、反应阶段、恢复阶段四个基本环节。应急管理事务十分繁杂，机制的内容千头万绪，贯穿应急管理全过程（见表5-2）。

表5-2　全周期应急管理机制

风险管理阶段	准备阶段	反应阶段	恢复阶段
危险源确认机制 风险沟通机制 脆弱性评估机制 风险防范机制 宣传教育机制 关键基础设施保护机制	预案编制机制 培训演练机制 组织建设机制 资源整备机制 能力维持更新机制	预警机制 先期处置机制 快速评估机制 分级响应机制 应急指挥机制 协调联动机制 公共沟通机制	恢复重建机制 救助补偿机制 心理救援机制 调查评估机制 责任追究机制

首先，风险管理阶段的机制构成。这一阶段的工作重点是确认危险

源并构建一系列风险防控措施。在这一阶段，必须结合本地特征确认相关危险源的存在，进而通过风险沟通机制来了解风险可能及其潜在影响，并将其纳入政策议程。在对客观风险进行分析的同时，也应该注意到脆弱性分析和评估的重要性，即对本地突发事件应对所需的管理制度、组织能力、关键基础设施、群体应急能力、应急资源可得性和可及性等维度进行分析评估，以便清晰把握本地的突发事件应对能力。这一阶段的政策工具作为风险防范机制的核心，可以分为结构性减灾工具和非结构性减灾工具，前者注重硬件基础设施的建设与维护，后者注重政策设计对于减灾的重要意义，如对重大政策项目进行社会风险评估等。同时，这一阶段还需要从文化层面提升应急管理能力，通过宣传和文化教育体系对个人安全文化、组织风险文化、社会风险文化进行有效干预与引导。

其次，准备阶段的机制构成。准备阶段为应急管理中应急反应与恢复的基础，准备的充分程度直接影响应急管理体系的运转绩效。应急预案的编制是针对风险管理阶段所确认的危险源的潜在后果而预先设定各种反应措施，其核心是构建应急管理的组织架构、工作流程、协调方式、资源保障等，通过一系列常规制度安排来尽可能地消解突发事件可能造成的无序与混乱；培训演练机制旨在通过桌面推演、功能演练、局部演练、全程演练等方式，发现并评估预案存在的问题并加以改进；组织建设机制旨在对应急管理制度实施所需要的组织架构进行建设和调整，资源整备机制则是将应急管理所需要的各类资源体系进行分类、评估和整合，这二者构成了组织能力体系的核心；应急能力维持和更新机制则是对组织建设与资源整备所进行的定期评估与监督，以保证组织能力发展与灾害危机动态变化相一致。

再次，反应阶段的机制构成。应急反应是应急管理体系建设的核心，当前应急体系建设的重点就是完善应急反应所需的各项机制。在突发事件中，以风险管理与准备阶段为基础，预警机制其一要将突发事件信息视为公共品，真实、快速、公平、全面地将其传递到危险暴露群体中，以便做好各项准备以应对即将到来的突发事件。其二要做到对突发事件的先期处置，对事件进行及时救援与报送，这对于降低事件的负面影响有着至关重要的作用。灾害危机事件的分级、分类处置原则要求必须建立快速灾情评估机制，迅速、准确地收集有关信息，通过应急信息平台来处理与分析相关信息，并依据分级方法确立所采取的响应方式，从而在相应层级上启动应急指挥和协调联动机制，同时，该信息平台也具有在政府内部以及政府和公众之间的沟通功能。在此基础上，需要建立应急指挥机制将各相关机构和单位纳入统一规范的行动框架。

最后，恢复阶段的机制构成。恢复阶段的首要任务是恢复重建，主要包括工程性恢复重建和制度性恢复重建，旨在建立更具恢复力的社会。为了在短期内从突发事件的危害后果中得到恢复，需要综合协调整合多方力量进行建筑物和基础设施的恢复重建，利用保险、救助、慈善等手段对受灾群众进行经济、心理与社会的重建和救助。此外，恢复阶段的另一项重要任务就是对事件进行调查和反思，客观评价应急管理制度的绩效，追究和分析相关人员和相关政策、制度、机构、价值的责任与问题，不仅有某些公职人员的去职、处分，还有某些政策出台或得到修订，某些机构、制度设立或调整，某个阶层的利益得到尊重、满足，某些价值得到弘扬、遵从，即同时进行公职人员问责和风险问责。风险问责的结果必然引起对风险管理的重视，这也是一个新应急管理循环的开始。

三、基层政府应急管理的网格化

我国城市基层社会治理中出现的网格化管理模式，是指对辖区进行区域网格单位划定，打破部门与职能边界，突破层级节制的组织结构，实现基层社会服务与治理的精细化、集约化、高效化。网格化管理源于公安系统开创的网格化巡逻，后来逐渐拓展到社会管理与服务的其他领域。应急管理也从传统公共治安管理拓展到更具现代意义的“全灾种、全过程、全主体、全方位”的应急管理，现代应急管理应当汲取来自公共管理领域的创新成果，尤其在当前基层应急管理体制建设中，基层应急管理受到人员、资源保障方面的限制，处于一种“空壳”运转的境地，网格化管理模式将是一种重要的创新方法。

（一）基层政府应急管理网格化的缘起

首先，风险共受思维促成了基层应急管理的公共参与格局转变。单纯依靠政府力量往往存在失灵情形，风险共受思维将政府、社会、市场视为风险共同体，强调通过有效的集体行动形成公共响应来应对公共危机。强调基层社会力量应当成为突发事件应对的重要力量，基于全面整合型应急管理体系建设理念，将社区能力建设作为应急管理制度建设的重要发展方向。

其次，风险源头治理理念推动了基层应急管理和常态公共管理的融合。危机作为风险的现实化后果，有效应对危机需从更深层次的风险层面推进风险消减，风险治理理念是应急管理提升的重要内容。但在常态期风险管理过程中，应急管理部门在协调中往往缺少抓手。同时，风险管理事务范围弹性较大、复杂性程度较高，单靠基层应急管理部门来推动比较困难，需要在基层政府多部门、社会、市场共同参与的条件下协同推进。基层风险管理事务需要与多部门常态管理统合，这既能减少协调阻力和管理成本，又能推进社会风险的有效消减。

再次，基层应急管理响应流程再造。理想的应急响应体系应当是规范性与自发性两种能力的有机统一。基层应急管理往往是突发事件冲击与回应的第一线，其应急响应方式变革的需求更为迫切强烈。而当代政府的流程再造运动，尤其是在电子政府和大数据时代，现代信息科技发展带来的组织模式变革，能够有效推动基层政府应急响应组织结构和流程的优化。

复次，全灾种管理倾向于“精政府”的管理模式。自然灾害、安全生产、公共卫生、社会安全成为基层政府所面临的四大核心危险源，全灾种管理便是在此环境下展开四大类突发事件的全过程应对工作。我国应急管理体系的条块体制是将部门职能与灾种分类相结合，这种分工体系在基层政府存在的突出问题是有限部门能力、资源面临着管理实务复杂性之间的挑战。“精政府”模式便是强调将有效的政府资源整合协同，以最大效率地发挥其作用，基层政府应急管理体制建设可以选择更具弹性的运作方式，此举更加符合当前基层政府管理的现实。

最后，基层政府受灾群体服务与政府公共服务水平提升的需要。基层政府应急管理在整体应急管理体系中的突出作用是扮演服务传递的角色，通过社会服务将人力、物力、财力要素传递到相关社会群体中，满足应急管理全周期内的基本社会需要，最大限度消减群体的灾害脆弱性，最大可能提升群体的灾害恢复力。而公共服务理念在政府管理中产生巨大影响，应急管理服务水平能够直接体现区域公共服务能力状况。

（二）基层政府应急管理网格化的特点

第一，可以为基层应急管理体制搭建和流程优化提供组织载体。网格化管理模式通过现有资源体系的整合，减少应急管理体制建设投入，同时还能将基层有限的资源投入到应急管理事务之中，实现基层应急管理体制的确实运转，也使基层应急管理有了体制抓手。通过网格化模式可以将应急管理链条下延到底，做实基层应急管理体制，可以通过街道、社区、网格、单元构成的基层治理网络，将应急管理重心有效下移，将应急管理资源配置到社区之中，减少应急管理与服务的盲点和遗漏，有利于保障社区突发事件应对资源体系建设。而网格化组织体系也具有传统科层模式所不具备的网络优势，通过组织间功能与目标再优化，缩小部门间的组织距离，为基层应急管理流程更简化、更具可操作性提供空间。

第二，网格化应急管理模式能够整合应急资源、减少浪费和重复投入。当前基层应急管理仍然受到部门条块限制，有限的应急管理资源受到部门化配置的影响，总体使用效率不高。在传统应急管理模式下，卫生、安监、消防、公安、民政等部门分别建立指挥、信息、资源系统，而各系统之间往往缺乏整合，具体到基层层面如果缺乏有效的整合机制，就会导致应急资源浪费。同时，在应急管理实务中，需要吸纳社会资源加入到非常态应急中，传统应急管理则过于注重政府资源体系的应用，忽视了吸纳和引导社会力量应急的制度建设。网格化管理模式重在打破部门资源壁垒、整合多方资源。一方面，可以通过网格强化部门间的互联互通，打破部门间的行政区隔，实现无缝组织架构，将有限的应急资源配置到亟待解决和提升的领域，减少资源配置模式中的部门主义倾向，实现政府资源优化；另一方面，通过网格能够吸纳社会组织、单位、企业、家庭的力量加入应急管理，在常态期建立起多元协同的资源网络，培育资源网络各主体的基本能力，在非常态期则能够更有效地运用于应急管理。总之，网格化管理模式为基层应急管理资源整合和培育提供了一条可选的路径。

第三，以网格为载体的风险源头治理有利于依靠群众，实现关口前移。网格化管理模式将体制中心下延，管理力量的新格局为突发事件风险源头的及时发现与消减起到积极作用。在社会安全领域，网格化被视为能够畅通利益诉求的渠道，通过主动获取信息、定期巡查、联席会议等形式，强化风险排查、过程控制，不断增强工作的前瞻性、主动性和有效性，这是一种将应急管理从危机处置延伸至风险治理环节的重要手段。在全灾种管理环境中，网格化管理模式也可以在社会安全风险之外的自然灾害、安全生产和公共卫生领域发挥作用，网格可以作为多部门联合综合风险分析的具体单位，同时也可以将风险责任落实到网格。如今，风险治理作为应急管理的重要发展趋势，实践和理论层面的研究皆不断探索其治理之道。对于本区域的人为、自然、科技以及混合危险源的风险以及本地灾害脆弱性水平的综合评估工作十分重要，这是提升基层应急管理实效性的重要前提，也是切实推动以预防为主的应急管理体系的核心机制。网格化管理模式通过广泛联系和依靠群众，落实风险管理责任，在风险隐患排查和治理层面拥有较大应用空间。

第四，网格化管理模式的信息化水平可以增强应急响应效果，增强应急管理相关服务的实效性。在我国地方政府不断实践创新的同时，网格化管理模式也汲取信息网络时代的技术成果，新兴信息管理平台和设备的应用突破了传统沟通手段的局限性。基于网格化的信息管理手段也可以在风险信息积累与分析中发挥作用，为网格内部风险隐患、脆弱群体等建立风险信息库。在应急响应过程中，可以改进应急管理信息报送方式和内容，为应急管理人员的及时决策提供保障，提高应急指挥的效率。网格化管理模式强调以服务为先导理念，强化从传统管制走向服务的基本理念，利用网格化平台可以为公众提供更为优质的公共服务。基于信息化水平的提升，相关部门还能够将应急管理服务做到精细化。在突发事件应对期间，相关部门通过网格可以及时掌握网格内部的群众需要，有针对性地及时回应相关个性化需求，而网格内部的责任制度则能够对应急管理相关服务质量进行较为简便、直接的反馈控制。网格化管理模式可以作为提升应急管理相关服务效率和质量的重要方式。

（三）基层政府应急管理网格化的优化路径

第一，基层应急管理体制建设应当秉持“做实、做精”的基本导向。不必强求基层应急管理体系建设“大而全”的模式，根据当前基层应急管理改革的初始化条件，应当从“做实”与“做精”并重思维入手，整合基层社会治理体系和资源条件进行综合改革。

第二，以网格化管理平台全面整合基层应急管理和常态社会治理体系。应急管理是社会治理的重要内容，二者的融合至少需要从应急管理全过程、全灾种角度进行考量。因此，需要充分掌握和利用基层社会现状，将应急管理功能有机地整合，进入常态社会治理领域，充分利用网格化管理所带来的组织、资源、信息的整合优势，在基层公共服务改革中将应急管理作为重要功能进行开发，在丰富网格化管理功能范畴的同时，提高基层应急管理能力和服务品质。

第三，基层应急管理结构和功能创新并重，强化网格化管理环境下的基层应急管理制度更新。应当将基层应急管理组织结构的创新和应急管理功能进行同步优化，避免新旧体制下应急管理功能导向仍然趋于事后响应。为此，一是要改变传统应急管理过于注重应急处置而忽视风险治理功能，这需要从制度层面推进基层应急管理功能变革，从制度角度深化基层应急管理功能向风险治理转变，将网格内部的风险隐患排查、分析、处置和责任分配等工作落实到制度层面；二是要摆脱应急预案所设定的传统组织运作规则，建构更加符合网格化管理环境下的行政运作规则，并将其吸纳到基层操作性应急预案之中，从而做到基层应急管理组织结构与功能创新并重。

第四，及时吸纳和推广基层应急管理的网格化创新成果，为整体应急管理制度优化提供增量。作为一种新兴的基层应急管理体制尝试，还需要解决地方创新与顶层设计协同的问题。为了保障地方应急管理体制创新成果，应当给予试点创新地区相应的政策倾斜，维护地方应急管理创新空间；还应当将地方有效的创新经验总结逐步推广，进而将其制度化，从而保障应急管理改革创新的地方宝贵经验能够真正推动应急管理体系整体优化升级。

四、以联防联控为基础的应急管理协同体制

突发事件联防联控是指通过社会与政治动员以集中力量协调解决在突发事件预防、准备、响应和恢复过程中的各类需要。联防联控作为行政管理概念，它是中国政府在应对突发事件过程中所发展起来的本土概念，也是中国应急管理制度运作的重要特色，更是中国集中力量办大事制度优势的突出体现。

中国在应对典型突发事件如公共卫生、环境污染、社会安全事件中，经常启动联防联控机制。例如，在2009年“甲流”疫情防控中，中国建立了由卫生部牵头的多部门联防联控工作机制。在联防联控工作机制下，33个部门（后扩展为38个部门）和单位组成了综合、口岸、医疗、保障、宣传、对外合作、科技、畜牧兽医8个工作组以及“甲流”防控工作专家委员会，总体上形成了“8+1”的联防联控格局。在2020年的新冠肺炎疫情防控中也启动了联防联控，中央层面成立了由多部门参与的联防联控工作机制，加强党政、部门、军地之间的信息沟通和统筹协调力度；各地也建立了相应的体制机制，全力开展防控工作。同时，社会各界积极参与，建立了涵盖社区、学校、企业和农村的防控机制，形成了政府主导、全社会共同参与的防控格局。联防联控作为嵌在中国政治、行政体系和社会环境之下的一套应急管理模式，其广泛的

动员串联特性使其成为由多重规范相互交织而成的复杂开放系统。联防联控体系中存在着政党、政府、军队、市场、社会、专家团体、家庭等主体，多元主体所秉持的规范及其相互作用影响着联防联控的制度效能。

第一，确立以联防联控体系建设作为应急管理现代化的重要改革方向。我国目前在非常规突发事件、重大风险领域层面等急难险重任务面前仍然存在短板，未来的应急管理改革应当侧重于强化非常规突发事件应急管理。联防联控体系应当重点针对急难险重任务进行重新定位，强化其在非常规突发事件应对中的功能定位与结构设计，总体上形成常态应急管理和非常态应急管理相结合的应急管理基本结构，做好常态与非常态应急管理体系的转换。

第二，建设以现代应急管理为内核的联防联控体系。在汲取以往有益经验的基础上，确立联防联控体系的应急管理内核是其走向规范化、制度化、本土化的必由之路。首先，应当在体制层面做出调试，做实联防联控体制。将其作为非常态时期的体系运作，在突发事件分级响应框架下突出其基础性地位，进一步明确联防联控的一般性功能分组、标准架构和弹性扩张的条件、原则及过程，并由此串联起自上而下的联防联控体制。侧重做好不同层级联防联控机构的职责同构和差异，确保在急难险重任务面前各级联防联控机构能在话语、标准、架构以及文化层面实现一致性。其次，要建立健全联防联控的基本机制。联防联控体系的基本机制构成应当具有全过程性，这也是联防联控体系的现代性内涵。在机制设计上，应当充分考虑重大风险和非常规突发事件情境进行完善升级。最后，在应急预案体系建设层面，联防联控体系的建设在政策设计和执行上应当充分借鉴应急预案体系建设与管理的优势，并以联防联控体系建设为契机来重新评价、完善现有应急预案体系。尤其是针对当前应急预案体系在非常规突发事件层面缺乏可操作性、实用性的问题，将联防联控体系充实到各类预案当中，将有助于改善现有应急预案的效能。

第三，推动形成以风险理性为根基的联防联控体系。风险管理理应成为联防联控的基础内涵，向前端风险源头治理的拓展也是现代应急管理体系的根本特征。联防联控的风险管理相较于常规突发事件风险管理，在系统性、复杂性、不确定性程度上更高，需要在社会结构根源上通过广泛联动予以解决。首先，要落实联防联控体系内部的常态化风险管理体制机制，针对重大风险来源、程度和影响开展评估，并结合各地各级政府应对风险的能力进行综合性评价，有计划地开展能力补强与更新。中央层级联防联控应当承担起风险管理中基础技术、数据集成、区域统筹以及政策指导的作用；地方省级政府联防联控侧重于督导本区域风险管理工作的开展；越往基层则越应当按照操作指引做好相应风险隐患排查、资源调查、资源准备等工作。要进一步改变府际关系，通过以风险管理项目与能力建设为基础的中央财政投入机制，合理分配联防联控中的央地责任。其次，要确保科学系统的独立性和开放性，避免挤占、侵蚀科学规范的运作空间，确保专家系统的客观风险分析获得应有的决策影响力。重大风险的不确定性特征要求在联防联控体系中注入弹性和反思逻辑，建构与完善专家系统和公众之间的对话平台与方式，充分吸纳地方性、非正式的风险信息进入风险管理决策当中。最后，需要在联防联控主体行为层面确立风险理性的重要地位。联防联控所涉风险相关主体复杂，应当着力实现不同主体行为在市场规范、政治规范、科层规范各层面与风险理性的平衡，这意味着联防联控体系的风险管理职责应当指向更具社会基础价值层面的转变。

第四，形成以增进社会韧性为基础的联防联控体系。农村、社区、社会组织、家庭等也是联防联控共治体系中的典型主体，它们是联防联控体系运行的神经末梢和基层触手。首先，应当在联防联控体系中注入脆弱性评估机制。突发事件社区脆弱性评估是通过社区外部风险开展社区影响和响应能力分析，以此指导农村、社区开展相应的能力补充和政策设计，当前应当充分利用基层社区网格化精准治理所拥有的各类基础数据和管理架构，推动联防联控在社区层面落地。其次，要推动形成社会组织和联防联控体系合作伙伴关系。树立社会组织参与联防联控体系运作的全过程理念，在联防联控的风险管理、应急准备、应急响应和恢复管理层面都应当充分重视社会组织的重要地位，基于应急需要开展与社会组织的应急合作制度建构，同时也应依据应急需要有计划地开展社会组织参与能力的提升项目。再次，要强化联防联控体系中的民生保障和社会救助功能体系建设。突发事件造成的社会失序和功能中断，要求建立跨部门的民生保障和社会救助分工合作供给体系，建设兼顾常态与非常态的社会救助体系，确保人民群众的基本生产生活需要并能尽快从突发事件冲击中恢复。最后，在联防联控社会意识层面，要加强重大风险与非常规突发事件情境认知和应急行为的公共教育，注重对公众风险心理干预政策的设计与执行，避免盲目恐慌导致社会功能加剧失序情形，不断夯实联防联控的社会基础。

第五，确立以法治建设为保障的联防联控体系。我们应当看到，在突发事件背景下的特定政治场域中，焦点事件、舆论、利益相关团体等多源流力量所构成的灾后政治环境，将形塑事件因果链和公共组织学习方向。在这种情景下，应当避免问题被简化处理，需要强化对各类规范、价值、行为的反思学习并最终制度化为联防联控的法治基础。首先，要吸纳联防联控制度进入突发事件应对法律体系。联防联控朝向制度化发展，需要获得法律层面的明确定位，如此，相关制度学习和反思的成果才能够在法律层面得以确立。其次，要系统性地梳理联防联控的实然过程，掌握联防联控运作中所动员的各类主体、功能和主体间关系，将其作为突发事件应对法治建设的事实基础，对联防联控中的各类政策、措施和行为，比照现有法律的主旨和权责边界进行重新评价和判断，针对联防联控中各类行为主体权利和责任边界难以明晰的情况，着力对现有法律体系进行修改完善。再次，联防联控法治保障体系应当强调完备性、规范性、系统性、协同性。由于联防联控是多元规范体系共筑而成的应对模式，相关法治保障不能仅仅满足于政府内部科层规范体系的建构，还应当对联防联控体系中的市场主体、社会主体、政治主体、专家主体等行为边界和作用方式进行明晰，确保系统地推进联防联控法治保障体系建设。最后，联防联控不仅需要实现多元主体规范的兼容，还需要多主体及其所衍生出的规范体系能够在应急管理全过程形成协同效应，这就需要相关法治保障跳出传统偏重应急响应的内容框架，在风险管理、应急准备、应急响应和恢复管理构成的全过程情境下全面思考联防联控的法治保障。

第六讲

6

法律在应急管理中的作用

在2020年的新冠肺炎疫情防控中，我们看到，习近平总书记多次强调要依法防控、依法治理，强调疫情防控越是到最吃劲的时候，越要坚持依法防控，在法治轨道上统筹推进各项防控工作，保障疫情防控工作顺利开展。而对于如何强化公共卫生及其应急管理中的法治保障，习近平总书记也做了很多具体论述、具体指示。我们还看到，作为国家立法机关的全国人大常委会在新冠肺炎疫情发生之后，行动也十分迅速，在2020年2月24日就通过了《全面禁止非法野生动物交易、革除滥食野生动物陋习、切实保障人民群众生命健康安全的决定》；4月就形成了专门的"强化公共卫生法治保障立法修法工作计划"；6月就将这个立法修法计划中多部法律案的审议列入了当年全国人大常委会的日程当中。由此不难看出，党和国家对于发挥法律在包括传染病疫情防控在内的突发事件应对中的作用十分重视，我国有关突发事件应急管理的法律、法规也越来越多，越来越体系化。那么，法律在应对突发事件的过程中到底发挥了什么作用？应急管理领域的法律和其他领域的法律又有什么不同呢？

一、法律在应急体系中的地位

对于我国公共应急体系的发展来说，2003年的“非典”疫情是一个分水岭。“非典”之前，我国的应急管理还称不上是一个“体系”，发展也比较慢；“非典”疫情的暴发，促使我国的应急管理真正走向了体系化，整个发展也“换挡提速”快了起来。“非典”疫情之后，我们在描述公共应急体系的时候，经常使用“一案三制”这个说法来概括。其中，“一案”指的是应急预案，“三制”指的是应急体制、应急机制、应急法制。“一案三制”这个概括到底准不准确？当然存在一些争议，比如这四个元素的内容相互之间是有一些重叠的，把“一案”放在“三制”的前面也不太合理，等等。而且，在党的十八大之后，“一案三制”的提法比原来也要少一些。尽管如此，无论是立法部门还是学术界，到目前为止还没有人提出另外一个被广泛接受的概念来取代“一案三制”。当我们需要概括性地描述中国的公共应急体系时，很多时候还是会自觉或不自觉地使用“一案三制”的说法。而在“一案三制”的表述当中，应急法制是四个要素之一。那么，要理解法律在应急体系中的地位，就要将其放在和其他三个因素的关系当中来认识。

首先是应急机制。按照《现代汉语词典》的解释，“机制”指的是机体的构造、功能和相互关系，泛指一个工作系统的组织或部分之间相互作用的过程和方式。如果用于指称某种活动过程的话，“机制”则应当被理解为实施这种活动的相对制度化、程序化的方法和措施。从语义学上看，“机制”中的“机”字是一个含义丰富的多义词，具有策略、方法的意思。那么，由“机”转变为“机制”，指的就是经过实践反复检验，相对固定下来并上升为制度的那一部分策略和方法。因此，我们就可以把应急机制理解为在突发事件事前、事发、事中、事后应对的全过程中，人们所采取的各种制度化的应急管理方法和策略。为什么应急管理的这些方法和策略需要制度化呢？因为我们知道，突发事件具有不同程度的不确定性、多变性，但人类在长期应对各类突发事件的过程中，通过不断试错，能够逐渐发现规律并掌握一定的行之有效的方法。这些方法经过进一步的检验被积累、沉淀下来，被当作人类对抗突发事件的宝贵经验法则，又通过法律规范、行政规则、工作惯例等不同方式相对固定下来，并加以系统化，便形成了应急机制。人们通常所讲的风险防控机制、监测与预警机制、处置与决策机制、社会动员机制、恢复与重建机制、调查与评估机制等，其实质就是人们在应对突发事件时某一阶段或某一方面的策略和方法。但是，这种方法是相对成熟并被固化下来的，而不是临时性、权宜性的，这就是应急机制。

其次是应急体制。“体制”在《现代汉语词典》中的定义是“国家机关、企业、事业单位等的组织制度”。所以，应急体制的核心是“组织”，也就是在应急管理过程中扮演不同角色的组织体。和应急机制相对，应急体制主要是静态意义上的，它主要解决两个问题：一是应急管理过程中各种主体的角色、地位、组织形式和相互关系；二是各种应急管理主体之间权力与职能的设定和分配。从体制和机制的相互关系来看，可以这样认为：应急体制是应急机制的组织载体，应急机制则是应急体制的运作过程。应急机制作为一种制度化的方法，解决的正是由何种主体、以何种形式组织起来、通过何种分工协作方式来运用这些方法的问题。应急体制包括四个层次的问题：一是最宏观的层面，指的是公共部门在应急管理中的外部关系，也就是以政府为中心的公共部门在应急管理中与社会、与市场的关系；二是较宏观的层面，指的是公共部门的内部关系，在中国主要表现为执政党、政府和军队三者之间的关系；三是中观层面的府际关系，指的是政府系统的内部关系，包括上下级政府之间的纵向关系、同级政府之间的横向关系、突发事件发生地的属地政府与上级政府部门之间的斜向关系；四是微观的应急管理机构，指的是各种承担应急管理职能的机构、部门应当如何设置、如何运行的问题。

再次是应急法制。法律是由国家制定或认可的，以国家强制力为保证的，用于指引和约束人们的行为，调整各种社会关系的规范和原则，这是对法律的一般定义。应急管理中的法律一般简称为应急法制或者应急法，指的是在突发事件引起的公共紧急情况下如何处理国家权力之间、国家权力和公民权利之间、公民权利之间的各种社会关系的法律规范和原则的总和。那么，这些法律规范、法律原则的本质是什么呢？实际上就是应急机制和作为其组织载体的应急体制的法律化表现形式。正如上文所述，应急机制是一种相对固化、制度化的突发事件应对方法和策略，而法律就是制度化的最高形式。正因为应急机制是那些被证明为人类应对突发事件的较为成熟、有效的方法，那么，为了使人们能够真正运用这些方法来治理危机，就需要赋予其中最核心的部分内容以法的效力，从而能够在应急管理中指引和约束国家机关、单位和个人的行为。将最重要的那一部分应急机制（包括作为其组织载体的应急体制）

上升为法律并加以实施，正是将应急机制和应急体制贯彻于应急管理实践的最重要途径。因此，我们必须清楚地认识到，应急法制并不是应急体制、应急机制之外的其他东西，更不是和应急体制、应急机制互相排斥的东西，它恰恰就包含在应急体制、应急机制当中，就是应急体制、应急机制中最重要的那一部分，只不过是我们将这一部分上升为法律、赋予法律的效力来保证其实施而已。

最后是应急预案。我国现有应急预案体系的形成，始于2003年12月国务院办公厅应急预案工作小组的成立。按照“横向到边、纵向到底”的原则，各级政府及其部门编制的总体预案、专项预案和部门预案陆续就绪，在2005年年初基本完成，有的地方还编制了单独的保障预案。对于应急预案的性质，我们可以从两个方面来理解。一方面，应急预案是在特定区域、部门、行业、单位中对相关应急管理制度的具体实施方案。因为在“一案三制”当中，应急体制、应急机制和应急法制都是宏观的、普适性的东西，而每个区域、部门、行业、单位所面临的风险形势是不一样的，其具有的各种应急资源禀赋也是不一样的。因此，在突发事件发生之后，他们必须将这些普适性的制度和自己的风险、任务、能力结合起来，形成一个可操作的方案，这个方案就是应急预案。因此，应急预案本身不能够创设权利义务，不能够成为法律规范，而是已有法律规范和其他制度的实施方案，应急预案当中规定的措施应当有法律上的依据。应急预案是对各种法律、法规、规章中业已创设的权利义务进行抽取、梳理、组合、解释的结果，它是各种应急法律规范在特定范围内的具体执行方案。另一方面，应急预案还可以被看作法律实施的一种预决策机制。因为突发事件的应对主要依靠的是政府，而政府的运行依靠的是自上而下的科层制体系。也就是说，下级机关得到一个突发事件信息之后要逐级上报，直到触发某个有决策权的层级，上级作出决策之后，再逐级把任务下达给下级。但是，突发事件的应对对效率的要求非常高，依靠平常的这种科层制体系来实施法律是行不通的，这就要求必须建立一个预决策的机制。这个机制会假定特定的突发事件情景，只要出现相应的情景，就自动触发应急法律制度的实施，一定层级的机关就可以直接按照预案实施应急处置，不需要再层层请示报告，这种预决策机制就是应急预案。从这个角度来看，应急预案本身也不设定新的权利义务，只是一种灵活、快捷地将法律上已经设定好的权利义务关系实施下去的机制。需要进一步指出的是，应急预案的约束力并不是刚性的。各级政府及其部门编制应急预案的目的，并不是要创设一种具有确定约束力的制度安排，而是在既有的制度安排下尽量提高应急反应的速度。对于这一点，我们也可以从两个方面来理解。一方面，应急预案作为一种建立在假设、预测、推理基础之上的较佳备选方案，也不过是“没办法的办法”，不排除在危机真正来临时被更佳方案取代的可能；而对于一项法律制度来说，即使这种制度制定得不够合理，也具有刚性的效力，必须被遵守，违反者必须承担法律责任，没有临机选择、抛弃不予适用的余地。另一方面，应急预案作为一种对未来情况假设基础之上的应对方案，可能不是唯一的，因为突发事件的具体形态是复杂、多变的，有的时候为了尽可能周全，有可能对一类突发事件编制多个应急预案，在事件发生之后再在这些方案当中择优使用。而对于法律制度来说，一个特定的问题肯定只能有一套制度，不能政出多门。即使法律上对同一个问题的规定有时候存在矛盾冲突，也有一套严密的规则将唯一适用的规范确定下来。

二、法律在应急管理中的两重作用

法律在应急管理中具有两重作用，一是“应急”，就是确立应对突发事件的经验法则；二是“法治”，就是进行应急状态下的公权、私权再平衡。

（一）作为应对突发事件经验法则的法律

如上文所述，应急法的本质是应急机制及作为其组织载体的应急体制的主要内容的法律表现形式。那么，应急机制、应急体制作为人类应对突发事件的核心经验积累、固化下来的成果，其主要内容为什么不能仅以政策文件、工作规程或其他的形式存在，而必须上升为某一层次的法律规范来实施呢？换言之，法律作为这些应急管理经验法则固化的成果，作用何在呢？其主要体现在三个方面。

第一，法律能够引导和约束人们应对突发事件的行为，保障应急体系的有效运行。应急机制、应急体制是人类在历次突发事件应对实践中付出巨大代价所获得的、被实践证明为行之有效的、相对稳定的对抗公共危机的策略和方法及其组织形式。换言之，这是一种经过历史积淀的经验法则。但对于每一次突发事件中的各方应对主体而言，这种策略和方法很可能并不是源于其自身的感性经验，因此未必能够获得其高度认同和自觉遵行。面对每一次突发事件，如果没有某种具备强制约束力的规则，人们的感性认知和行为选择必然是五花八门的。而突发事件一旦来临，又要求那些相对稳定的策略和方法在最短的时间内被有效地实施下去，而不能放任人们按照自己的理解各行其是。因此，只有将这些机制、体制中最重要的部分上升为法律，借助法律的权威及其背后的国家强制力，才能确保人们按照这些策略和方法行事，以有效应对新的突发事件。

第二，明晰人们在突发事件应对中的角色，保障应急体系的有序运行。应急机制、应急体制的实施，很多时候要求各类社会主体做出一定的角色转换，即人们在应急过程中需要扮演某种有别于平常的角色。这种转变可能表现为：政府权力的扩张和责任的增强，政府将比平常更加强烈地干预私人的生活；各种公共主体的权力界限被打破，政府可能代行立法机关的部分职责而拥有发布紧急命令的权力，而在政府瘫痪的极端情况下，执政党机关甚至军队又可能暂时代行行政管理上的职能；公民权利受到克减而公民义务被增加，主要表现为公民的人身自由权、财产权和部分政治权利的行使将暂时受到限制，同时又被赋予了配合、服从政府实施应急处置并在必要时参加应急救援、参与辅助工作的义务；一些社会组织如居委会、村委会、小区物业可能临时获得某种行政职权并承担相应的义务。这些角色的转变既重大又复杂，不可能等到突发事件来临后再临时确定，必须在法律上做出预先的安排。我们很难想象，离开了法律上的安排，这种角色的转换在突发事件来临时将如何实现。

第三，确保应急资源必要的准备和投入，保障应急体系的有力运行。公共应急体系的运行，无论在事前的预防和准备，还是事中的处置和救援，抑或事后的恢复与重建，都需要以消耗惊人的人财物资源为代价。在人力方面，国家需要建立各级各类综合性、专业性的应急救援队伍并经常加以训练，需要在各级政府、各类机关配备充足的应急指挥和应急管理人员，需要使普通民众接受必要的应急教育和训练；在财力方面，突发事件的暴发将带来大量处置、救援、重建、救助、抚恤方面的开支，无事时的风险防控所需要耗费的资金则更加惊人；在物力方面，既要开辟和建设各种应急避难场所，又要配备大量用于信息监测和应急救援的装置和设备，还要储备足够的应急救援物资。在尚未发生突发事件的事前管理中，这些投入的资源还极有可能因久备不用而导致一定的“浪费”，遭到一些人的质疑。上述这些资源无论来自公共财政的投入，还是商业渠道的统筹运作，或者对个人的劝募和征收，如果没有法律提供的依据和工具，其保障都是十分脆弱的。如果这些资源的投入不能得到满足，任何设计精致的应急机制、应急体制都是无法运转的，只能沦为空谈。

（二）作为应急状态下公权、私权平衡器的法律

突发事件是一个基于能力本位的概念，可以被理解为其应对主体在常态下的应对能力存在一定差距的危机事件。能力差距越大，突发事件的等级也就越高。因此，突发事件发生之后，以政府为中心的应对主体必须通过必要的能力扩张来弥补这种差距，而这种能力扩张的过程必然会相应地引起公民、法人或者其他组织私权利的收缩。在常态下，法律主要是以宪法、行政法为代表的公法为国家公权和社会私权之间划定了

一个边界，而在暴发突发事件的情况下，这个常态下的边界就会出现不适用的情况，需要作出调整。调整的基本方向就是公权这一方适度扩大，私权这一方适度缩小。那么，这个新的边界确定在哪里，就需要一些特殊的法律再重新划定，使公私权之间形成新的平衡，这就需要通过应急法来实现。在应急状态下，法律所需要解决的公私权之间的平衡问题，主要体现在以下几个方面：

一是财产权。对财产权的影响涉及三个方面：首先，政府在特殊情况下为了扩张应急能力，可能需要集中物力，在原有物力储备不足的情况下——毕竟实物储备是有限的，需要向社会汲取物资——可能通过紧急征购或者紧急征用的方式取得企业或者私人的财产所有权或者使用权，但政府应当支付相应的对价或者给予补偿；其次，有些私人财产本来就是某些突发事件应急处置的对象，比如禽流感疫情中饲养的禽类、被传染病病原体污染的物品、阻碍应急救援的建筑或者设施等，应急处置行为不可避免地会造成这些财产的损失；最后，有些突发事件的处置需要限制人的某些活动，在影响人身权利的同时也影响了财产权利，比如传染病疫情防控中限制聚集性活动，就会影响娱乐业、餐饮业等业主的经营自由和从业者的收入。

二是人身权。突发事件的应对经常需要采取不同程度限制人身权利的措施，大多数情况下涉及的是人身自由，比如在传染病疫情期间对确诊病人、疑似病人、密切接触者进行隔离治疗或者隔离观察，对于其他高风险地区的人群也可能采取限制外出、限制跨区域流动等人员疏离措施；在自然灾害、事故灾难中可能限制人员进入危险区域；在社会安全事件中可能限制进入容易形成人员聚集的区域；等等。有的情况下还会影响身体权，比如进行传染病的强制检疫、强制治疗等。

三是一些新型权利，比如个人信息权利。个人信息是指单独或者与其他信息对照可以识别特定个人的相关信息，包括公民的姓名、住址、出生日期、身份证号码、住址、医疗记录、人事记录、照片等。《民法典》第一百一十一条明确规定："自然人的个人信息受法律保护。任何组织或者个人需要获取他人个人信息的，应当依法取得并确保信息安全，不得非法收集、使用、加工、传输他人个人信息，不得非法买卖、提供或者公开他人个人信息。"因此，个人信息权已经是一种明确受到法律保护的民事权利。而在突发事件应对中，个人信息的用途非常广泛，可以被用于预测预警、应急决策、趋势研判、危险源识别和控制等很多方面。比如，在新冠肺炎疫情防控中，各地政府为了追踪确诊病人的密切接触者、曾经去过高危地区活动的人员等，需要移动通信服务商提供这些人员的活动轨迹，这就是对个人信息的典型利用，形成了对这种新型民事权利的限制。

我们之所以说在应急状态下，需要法律作为公权、私权的平衡器，是因为上述这些限制、影响私人权利的措施，在平常状态下政府是不能采取的，而在应急状态下对这些措施的采取也要受到一定的限制。因此，法律一方面要授予政府采取这些措施的权力，使其具备在应急管理过程中集中资源和实施处置的法律能力，为最终克服公共危机提供保障；另一方面也要对这些特殊权力的行使加以必要限制，因为紧急权力对公民权利的危险性比一般的行政权力要大得多，必须避免权力的滥用。法律对紧急权力的授予和限制往往会规定在同一个条款当中，授权的同时就附加了各种条件，或者说"授权"和"控权"呈现为一体两面的关系。对紧急权力的限制主要体现在以下几个方面：一是条件限制，即规定政府行使紧急权力、采取紧急措施的前提条件；二是时间限制，即规定政府实施相关紧急措施的期限，或者结束条件；三是主体限制，即规定特定的紧急措施应当由符合相应条件的主体实施，比如行政机关的层级、地域、主管范围等；四是程度限制，就是通常所说的比例原则，要求行政紧急措施的实施不能超过必要限度，应当尽可能选择对私人权利影响比较小的措施；五是程序限制，即要求紧急措施的采取应当经过一定程序，虽然这些程序相对于常态下的行政程序来说有时简略一些，但并非完全没有程序。

就法律在应急管理中的两重作用来说，两者都十分重要，关系也非常密切，甚至可以说是须臾不可分离。但如果一定要排序的话，应该说“应急”的作用是第一位的，“法治”的功能是第二位的。尽管应急法的发展历史已经表明，人们对法治的诉求不会因为社会进入非常态而有所减弱，而法治的核心追求便是对公权力的有效控制，因此，对紧急权力的控制确实是应急法的重要目标。但是，如果法律作为突发事件应对经验法则的作用无法得到发挥，以政府为核心的相关主体不能获得战胜公共危机的足够能力，那么，任何控制紧急权力的努力都只能是奢谈。而公共危机应对能力的获得与提升并不仅仅是一个公共管理上的问题，其绝对离不开法律的保障与支撑，这正是国家构建应急法制体系的首要目标所在。

三、应急法的基本特征

应急法是一种非常态的法，是围绕突发事件应对全过程而建立的法律体系。突发事件是社会运行中的非常态，而不是常态。一般的法律制度在立法、执法、司法、守法的各运行环节中，是以社会常态作为背景假设的；而应急法是在一般法律体系的基础上，加入了突发事件这个非常态因素进行制度设计的。因此，应急法是对一般法律制度的补充，是一种例外的、特别的法律制度。应急法作为一个体系，包含了大量的法律、法规、规章，这些法律规范尽管在调整对象、适用范围、具体措施等方面彼此存在较大差异，但我们还是可以抽象出它们的一些基本特征。相对于一般的法律来说，应急法之所以具备这样一些特征，归根到底是由法律的刚性、稳定性、普适性和突发事件及其应对过程固有的不确定性、灵活性、个别性之间的紧张关系所决定的。尽量平衡好这种紧张关系，是支配应急法演变发展的永恒主题。

（一）应急法同时具有规范性和工具性

应急法属于国家法律体系的一部分，必然具有法律的规范性。所谓规范性，就是法律要受到道德价值的规训，要按照各种公认的、普遍的价值来建立和实施法律制度。和其他领域的法律制度一样，应急法应当以人权、法治、民主、自由、秩序、安全等作为自己的价值目标，在应急管理领域的立法、执法、司法和守法过程中都应当贯彻和平衡好这些价值目标。在应急管理领域中，法律对各类主体作出的“应当如何”“可以如何”“不得如何”等行为规范和指引，都必须以上述价值作为最终判断标准。由于突发事件应对的过程往往涉及对私人财产权、人身权的影响和限制，因此，在很多时候，法律价值的冲突在应急管理领域都表现得比较尖锐。这就更加要求我们在法律制度的设计上识别好不同价值之间的优先次序，平衡好不同价值之间的冲突。同时，我们知道，应急法是应急机制、应急体制中最核心部分的法律表现形式，应急机制和应急体制又是突发事件应对实践经验总结、沉淀的结果，因此，应急法又具有经验性、工具性的特征，要为应急管理工作实践服务。基于应急法的工具性，应急管理领域的法律、法规在立法中应当较为具体、详细、有可操作性，而且应当随着应急管理实践经验教训的积累而及时修改，具有较强的变动性。

（二）应急法同时具有刚性和弹性

“徒法不足以自行”，法律的实施是以国家强制力为保证的，当然首先具有刚性，需要被严格执行。因此，法律在应急管理中最重要的功能之一，就是将人们在长期与突发事件斗争过程中积累下来的行之有效的方法、策略固定下来，借助法律背后的国家强制力来指引个体和集体的行动，保证这些方法、策略在新的危机应对活动中得到贯彻。这就体现了应急法具有刚性的一面。但与此同时，在人们应对新的突发事件时，应急法又构成了一种外在的制度性约束条件，限制了人们在应急管理中的决策选择空间。面对不确定程度较低的常规突发事件，如果法律制定得比较好的话，其确定性、普遍性的调整方式是很少受到挑战的。因此，在常规的应急管理过程中，法律可以凭借“以不变应万变”的方式小心翼翼地实现各种目标，比如公正与效率、安全与自由等之间的平衡。但是，对于新冠肺炎疫情这样的非常规突发事件来说，由于其前兆不充分，具有明显的复杂性特征和潜在的次生、衍生危害，破坏性严重，采用常规管理方式难以克服，超过了应对主体既有的风险认知范围和常规手段下的可控程度，从而需要使用非常规方式予以应对。这一类非常规事件的发生，一方面可能动摇人类已经取得并确认下来的经验法则，另一方面也将迫使人们突破现有的制度约束去寻求更加广阔的应急决策空间，这就会对应急管理中的法律系统形成冲击。法律的确定性与突发事件的不确定性间的紧张关系加剧到一定的程度，应急体制就很难按照法律预设的方式运作，法定的应急机制所蕴含的经验法则也将纷纷失灵。此时，人们如果仍旧僵化地遵循法律行事，将可能招致灾难性的后果；如果在法律之外寻求新的解决之道，又将因决策后果难以预料而面临承担法律责任的巨大压力；如果允许人们摒弃法律而不择手段，又可能在战胜危机的同时制造出威力强大而不被法律驯服的权力武器来，产生从根本上颠覆法治的危险。因此，在非常规突发事件情景下，想要继续发挥法律体系在应急管理中的保障和支持功能，就需要这些法律具备足够的弹性和适应性。这样的应急法律体系，既能够在常规应急管理中指引人们如何克服困难；也可以于非常规情况下，在保留法治目标所必需的少数核心规则的同时，摒弃一切成法，为人们释放出足够的策略选择空间。

（三）应急法同时具有稳定性和变动性

法律一旦制定，就需要相对稳定，不能频繁修改。一是应急管理领域的很多基本经验、基本准则源于人们在长期与突发事件进行斗争中经验教训的凝结，在法律上确认下来之后，是能够长期发挥作用的，不可轻易变动。二是人权保障、公私平衡、信息公开等法治的基本价值也必须在应急法中被贯彻始终。三是法律的稳定性和权威性是联系在一起的，法律的变动过于频繁，就会破坏民众对法律后果的预期，使其无所适从，最终损坏法律的权威性，影响其实施效果。

但是，应急法又有其特殊性，因为其调整的是突发事件的应对过程，而突发事件最本质的特征就是不确定性。新的突发事件类型的出现、突发事件发生和演变形态的变化，都会导致法律出现滞后、不适应的地方。而社会发展与科学技术所带来的危机应对方法的进步，也决定了每一次危机应对都可能带给人们新的经验或者突破旧的认知。这就意味着作为经验法则的应急法必须与时俱进，其变动频率必然会高于其他法律。为了保持法律制度的有效性，我们需要及时总结经验教训，及时制定新的法律，修改或者废止旧的法律。而且，随着人类社会在后工业化时代进入风险社会，突发事件的这种变化会越来越快、越来越大，法律的滞后性会越来越明显，需要修改的次数也会越来越多。正因如此，“大灾之后必修法”才会成为一种普遍的立法现象。例如，日本的《灾害对策基本法》自出台以来，大大小小的修改达到几十次，几乎每次重大灾害应对完毕之后，都要做出一定的修改。因此，我们不能用看待一般法律的眼光来看待应急法的稳定性，应急法变动的频率必然要高于一般法律，稳定性必然要低于一般法律。应急法必须在稳定性和变动性之间保持适当的平衡，立法机关对应急管理领域的立法不能过分追求稳定性，而应当把保持法律对实践的适应性摆在更加突出的位置，允许这个领域的法律、法规以较快的频率迭代。

（四）应急法既有“粗”的一面也有“细”的一面

应急法的一个重要功能是为紧急情况下政府采取的超常规措施进行授权，由于立法者很难对瞬息万变的应急处置过程做出预判，这些授权性规定势必会比较概括、笼统，这就是应急法“粗”的一面。但是，对于突发事件前端的风险管理和应急准备来说，由于这些工作的绩效显示度比较低，又需要投入大量的时间精力和资源，如果法律规定得太笼统，就很难被有效落实下去，需要规定得十分明确、具体，这就是应急法中“细”的一面。我们过去在应急领域的立法中，主要看到了前者而忽视了后者，使很多法律制度未能发挥实际作用。在今后的立法、修法活动当中，我们必须摒弃“宜粗不宜细”等已经不合时宜的立法理念，从应急法的本质要求出发，把粗的地方改细，把软的地方改硬，把松的地方改严，这样才能全面更新突发事件的风险管理和应急准备制度，在法治轨道上实现应急管理体系和能力的现代化。

第七讲

7

应急管理中的基本法律原则

一个法律体系既包括法律规范，也包括法律原则。人们在应急管理过程中的各种活动，除了要受到具体法律规范的调整之外，还应当遵循一些基本的、公认的法律原则。这些内容之所以被确定为应急法的基本原则，原因在于：第一，这些原则在应急管理领域立法、执法、司法、守法的全过程中贯穿始终，足以对整个应急法制的建立和实施发挥指导作用；第二，在具体的法律规范缺位时，这些原则可以直接成为规范和指引人们实施突发事件应对活动的依据；第三，这些原则为应急法制所特有，比如权力优先原则，或者虽然为其他法律制度所共有但在应急法制中具有特殊含义，比如法治原则、人权保障原则、比例原则和信息公开原则等。

一、法律原则的功能

在数量庞大、体系严密的法律规范之外，我们为什么还需要确立一些法律原则呢？换句话说，法律原则到底有什么作用呢？

首先，法律原则具有指引功能。指引功能主要体现在立法阶段，无论是整个法律部门法律体系的建构，还是一部法律的草拟制定，甚至是一个具体条款的确定，都有一个基本方向的问题。特别是在有多个可供选择的不同方案时，选择哪一个方案就有一个价值取向的问题。而法律所追求的价值目标如牺牲更多的私人权利以换取公共危机的尽快克服，还是容忍公共危机的延续但维护较多的个人自由首先就体现在基本原则上。此时，基本原则就会成为一种指引性的标准，用来保障立法的过程不会偏离应急和法治的基本方向。

其次，法律原则具有解释功能。对法律规范的解释，是法律执行和适用过程中最核心的一个环节，法律的每一次被执行和被适用都必然包含执法者、司法者对法律进行解释的过程。当然，在绝大多数情况下，由于法律的含义是比较明确的，这种含义所指向的情况和实际生活也是比较符合的，因此，执法者和司法者对法律解释的结果基本上是一致的，也能够比较准确地用于解决其面临的个案。但在一部分情况下，法律条文的含义可能存在这样或那样的不确定性甚至是歧义，或者说虽然它的含义比较明确，但已经跟实际生活中的情况有所脱离了。这个时候，执法者、司法者对法律的解释就会产生困难，其解释的结果就很难预期，可能千差万别。在这种情况下，如何使执法者和司法者对法律的解释符合法治的精神并尽可能取得一致呢？此时就需要一些标准。这些标准不可能是其他，只能是一些基本的法律原则。比如，《突发事件应对法》第四十九条所规定的应急处置措施中有很多兜底性的表述，比如“其他救助措施”“其他控制措施”“其他保障措施”“其他保护措施”等。在应急管理实践中，对于这里的好几个“其他”，到底是理解得宽一些，还是理解得窄一些，是有很大弹性空间的。执法者、司法者作出何种解释，最终就取决于其秉持的是哪些法律基本原则。

最后，法律原则具有补充功能。无论立法者如何试图将法律规范体系构建得尽量严密，都难免留下漏洞。事实上，在法律被执行和适用的过程中，这样的漏洞、空白是非常多的。应急管理领域的法律相对于其他法律来说，这样的问题只会更多，而不是更少。对于一个必须处理的个案，执法者和司法者首先应当在既有的法律规范中寻求适当的条款来解决问题；如果找不到这样的法律条款，接下来就应当尝试运用法律解释的方法如扩大解释、类比解释等，从而利用其他既有的法律条款来覆盖个案中的事实；如果连运用法律解释的余地也没有，就只能运用法律的基本原则作为解决问题的依据了。

二、应急管理基本法律原则的特殊性

应急管理最重要的主体是政府，应急管理过程中最重要的社会关系是行政机关和公民、法人或者社会组织之间的关系，以及不同行政机关彼此之间的关系，有时候还涉及行政机关和其他国家机关的关系。而调整这些社会关系的法律，主要是狭义的公法，这区别于主要调整平等主体之间关系的私法，即民商法。而在公法当中，应急法主要属于行政法，还有的属于宪法。那么，公法的基本原则，特别是行政法的基本原则，自然也适用于应急法领域。但是，应急法又是一种特殊的公法、特殊的行政法，因为它调整的是特殊状态下的社会关系，所以，这些法律原则在应急法领域中多多少少有一些特殊的表现形式。因此，应急法中的很多法律原则都表现为一般性和特殊性的辩证统一。

应急领域的法律和一般的法律既有共同的一面，又有特殊的一面。在应急管理中何时应当守法、何时可以权变，需要辩证看待。如果对于交通管制和道路、场所封锁等措施，法律已经作出了明确规定，而且其规定是合理、可行的，那么，因应对突发事件需要采取相应管制措施的，政府就应当遵循合法行政原则的要求，严格地按照这些法律的规定去采取应急措施，这就体现了应急法和其他法律共同的一面；如果法律的规定滞后于实际需要，这就要求政府果断变通，事急从权，从实质合法的立场出发采取应急措施，这又体现了应急法和其他法律不同的一面。应急法这种一般性和特殊性辩证统一的关系，首先就体现在其基本原则当中。我们在应急领域的每一项法律原则当中，都需要认真地体会这种辩证统一关系，这样才能够对应急法这一特殊的法律领域形成深刻的理解，才能够在立法、执法、司法和守法各环节与应急管理的根本目标保持契合。

下面，我们对应急管理中最重要的几项法律原则加以介绍。

三、应急法治原则

在民主法治国家，公权力机关的应急管理活动必须具备合法性和正当性基础，以有别于作为事实性强权行为的“应急管理”。因此，法治原则是应急法制体系中的首要原则。其具体含义包括：第一，一切应急状态都是临时性的状态，必须也只能根据宪法和法律的规定进入、延续和结束；第二，一切应急法律规范必须由有权机关按照其立法权限制定，应急领域的立法权应当适用必要的宪法保留和法律保留；第三，紧急权力的行使必须有法律依据，如果政府行使了暂时没有明确法律依据的紧急权力，之后应当及时获得有权机关的追认；第四，违法行使紧急权力或者不依法履行应急管理职责的国家机关或者个人必须承担相应的法律责任。

上述内容基本上是行政法上的合法行政原则特别是其法律优先和法律保留两个子原则在应急管理领域的具体体现，作为一般情况下的法律原则适用于应急管理领域是没有问题的。但对于应急管理来说，僵化地强调和适用上述原则有时候会导致某些不足，甚至产生严重的缺陷。在应急法的规范和保障之下，针对大部分常规突发事件实施的、可以常态化的应急管理活动可以被完整地纳入法治轨道。但由于非常规突发事件特别是新发的、未知的、超大规模的突发事件的存在，以及突发事件演变过程的不确定性，使得这种“常态化”的努力只能永远处于“现在进行时”。由于非常规突发事件的不确定性很高，其性质、模式和后果完全可能超出立法者的考虑，因此，政府的应急活动溢出现有法律体制的现象仍会不断出现。非常规突发事件发生之后，对政治、社会、经济、环境等方方面面造成的影响都处于不确定的、难以预知的状态，此时应急决策机关将不得不首先考虑“眼前利益”，着眼于控制突发事件的蔓延发展，所谓“急则治标”“事急从权”正是此意。这种“治标性”的应急活动不可避免地会出现一些形式上“违法”“越权”的做法，法律对此应当提供必要的空间，给予支持和正面承认。因此，应急法治原则应该从两个方面进行全面理解，一方面是强调行政机关及其工作人员应当依法开展应急决策、实施应急处置活动；另一方面则是要为他们在必要时做出的形式上违法而实质上正当的应急活动提供正面激励。对于后者来说，法律主要通过两种方式来实现。一是建立紧急状态制度，在国家不得不超出现行法律规定采取超常规应急行动时，可以宣告进入紧急状态。进入紧急状态，意味着国家可以全部或者部分暂停宪法的实施，可以颁布临时性的法律、法令来规定那些必需的超常规措施。等到公共危机基本平息，超常规的措施无需继续采取时，再宣告结束紧急状态。二是建立合法性追认制度，就是对于形式上违反现行法律但实质上必要、正当的应急措施，由有权机关通常是立法机关事后进行审查，追认这些措施的合法性，免除这些措施实施者的法律责任。比较遗憾的是，关于紧急状态制度，我国宪法虽然在2004年作出了规定，但尚未制定《紧急状态法》加以具体落实，实践中也从来没有宣告过紧急状态；至于合法性追认制度，我国法律上还没有作出规定。

四、权力优先原则

权力优先针对的是应急管理过程中国家权力与公民权利间的关系，即打破常态下二者之间的均衡，向国家权力一方进行必要倾斜。具体表现在：第一，基于应急管理的需要，必要时可以暂时中止某些正常的法律活动，如中止诉讼、仲裁或者行政复议程序的进行，中止正在办理中的行政许可、行政处罚等，中止司法机关对行政活动的审查；第二，为了维护重大的公共利益和国家利益，公权力机关可以采取措施限制或者中止某些公民合法权利甚至宪法权利的行使；第三，多数情况下，政府的应急管理活动可以遵循相对于平时宽松一些的简易程序，比如省略行政处罚中的听证程序，作出行政决定之后缩短给予义务人的履行期等。

相对应地，国家机关为了应对突发事件而行使紧急权力作出的行为，公民、法人和其他组织有配合的义务，如果拒绝配合可能会受到处罚；而因应急措施造成的私人利益损失，往往也不能按照通常情况下的标准获得补偿。如果这种损失是普遍的，则视为社会整体为了克服公共危机而集体作出的忍让和牺牲，一般不予补偿。例如，在“非典”、新冠肺炎等传染病疫情期间，各级政府为了防止病毒传染而限制人员密集场所的活动，以及对病人、疑似病人和密切接触者进行隔离治疗、观察，由此限制了公民的人身自由权，就属于不予补偿的情况。有时候，应急措施造成的私人利益损失是部分的、个别的，是牺牲少数人的利益换取大多数人更重大、更迫切的利益，那么，对于这样的损失就应当给予适当补偿。但是，考虑到损益相抵的情况，其补偿标准有时也会低于通常情况。例如，政府在禽流感期间对养殖户饲养的禽类进行捕杀，固然给养殖户造成了财产损失，但由于这一措施有利于及时结束禽流感的传播，也有利于养殖户及时止损，养殖户同时也是受益者。在这种情况下，对养殖户的补偿就必须权衡这种损益关系，其补偿标准就不可能完全按照被捕杀禽只的市场价值来确定。再如，在传染病疫情期间政府征用酒店用于隔离密切接触者或者来自高风险地区的人员，其给予酒店的补偿也会低于酒店的正常价格。因为，疫情期间酒店本来就客源锐减，政府征用酒店用于隔离实际上具有一定的“授益”性质，有助于弥补酒店房间大面积空置造成的一部分损失，因此在给予酒店的征用补偿标准上也应当酌减。

五、人权保障原则

应急管理中对人权的保障和对私人权利的克减是一对矛盾，如果说适当限制乃至中止部分私人权利是行使国家紧急权力的必然结果，也是实施应急管理的必需手段，那么，最大限度地实现对公民权利的保护，就是国家实施应急管理的终极目的。用我们更为熟悉的话语来说，就是应急管理要“以人民为中心”。这一目的最终实现与否，是衡量一个国家应急管理系统成败得失，也是衡量一个国家是否能够在非常态下实质性地实现法治价值的最高标准。应急管理中的公民权利保障主要通过下列途径来实现：

第一，将公民权利保障确立为应急管理的终极价值。国家实施应急管理的最终目的在于保护人民的生命财产安全，否则一切应急管理活动就丧失了其最初的正当性。即使在特定条件下对部分私人权利加以必要限制和克减，其背后的追求仍应是某种更重大、更根本、更紧迫的公民权利。因此，一个建立在正确价值选择基础上的应急法制体系，决不允许国家为了实现某些较小的利益而牺牲更加重大、根本的公民权利。基于这一点，国家因为采取应急行动而限制私人权利，有一个最基本的前提，就是对人民生命财产安全构成重大威胁的突发事件或其风险是真实存在的，至少大多数人相信这是真实存在的，而不是虚构的或者被夸大的。政府不能为了获得更多的紧急权力以便加强对社会的控制，从而虚构或者夸大某种安全风险。

第二，限定克减私人权利的条件。为了应对突发事件，政府是否需要克减私人权利？在何种时间和空间范围内克减这些权利？将这些权利克减至何种程度？对这些问题的回答都要求充分考虑必要性原则。1984年在意大利召开的“关于《公民权利和政治权利国家公约》限制和克减条款研讨会”上通过的“希拉库萨原则”第五十一条指出：“克减措施的严重性、时间和地域范围应当为消除危及国家生存的威胁所必需，并且与这种威胁的性质和程序相适应。”为了保证这一点，法律对政府在应急状态下克减私人权利的条件应当规定得尽量明确，尽量避免使用模糊、概括、兜底的表述，以减少紧急权力滥用的风险。

第三，划出私人权利克减的底线。在公民的权利体系中，有一部分基本权利提供了人之所以成其为人的最基本要素，这些基本人权在任何时候包括在应急状态下都不应当受到剥夺和限制。如果国家以实施应急管理为由剥夺或限制了公民的这部分基本权利，则对于这些人来说，他们因此所遭受的损害甚至将超过突发事件本身所带来的损害。国际人权公约和很多国家的宪法对人权克减底线的规定不尽相同，但一般包括生命权、生存权、平等权、人格尊严、精神自由、免受酷刑的自由、免受奴役的自由、免受刑事追溯的自由等。

第四，突出地强调对某些公民基本权利的保护。应急法在允许政府基于处置公共危机的需要对一部分私人权利加以必要克减的同时，也强调对另一部分公民基本权利的保护。对这部分公民基本权利加以特别保障，一方面具体体现了应急管理的根本目的，另一方面也为突发事件应对的顺利、依法实施所必需。受到特别保障的基本权利至少包括知情权、赔偿和补偿请求权、基于生命权的救援请求权、基于生存权的救助请求权等。例如，在平常状态下，公民因为各种原因无法维持基本生活水平时，国家有义务提供必要救助。而如果公民是因为遭受自然灾害、事故灾难或者传染病疫情的损害而出现生活困难时，国家应当将对受害人群的生活救助放到更加突出的位置，将拯救生命、保障生存作为应对突发事件的首要目标。

第五，为受到违法应急管理行为侵害的私人权利提供救济。尽管应急状态下的法律秩序有着各种各样的特殊之处，但都不足以使其成为“有权利必有救济”这一朴素法律原则的例外。虽然在应急管理过程中，尤其是在紧急状态下，为了充分保障应对突发事件的效率，法律可能暂时中止对行政活动的司法审查，甚至中止一切行政纠纷解决机制，但这毕竟是一种暂时性的权宜之计，在应急状态结束之后，受到违法行为侵害的公民仍有权通过各种正常途径寻求法律救济。解决因应急措施而引起的各种矛盾纠纷并对受到侵害的合法权益提供救济，在大多数代表性国家的法律中，都被确定为公共危机事后管理的一项重要制度。

六、比例原则

比例原则是行政法上最重要的基本原则之一，其所解决的是行政手段和行政目标之间的合理性问题。具体到应急管理领域，比例原则主要指的是国家机关在行使紧急权力时应当全面权衡有关的公共利益和个人权益，采取对公民权益造成限制或者损害最小的行为，并且使其造成的损害、付出的成本与所追求的目的相适应。一般认为，比例原则包括以下三个方面的子原则，即适合性原则、必要性原则、均衡性原则。

第一，适合性原则。指的是国家机关所实施的职权行为必须以实现宪法或法律所规定的职能为目标，并且有利于其法定职能和目标的实现。在突发事件应对中，适合性原则具体体现为如下要求：任何紧急权力的行使都必须以特定突发事件或其风险的存在为前提，只有存在特定的事实使国家利益或社会公共利益面临受到损害的现实危险时，政府才有正当理由对私人权利进行一定的限制；当社会状态处于有序运行时，国家对私人权利进行不必要的限制或者干预，就属于对权力的滥用。第二，必要性原则。指的是国家机关在实现某一职能目标时如果必须对私人权利进行限制、干预，则应当选择对这些权利损害最小的手段。也就是说，如果对实现同一应急管理目标，同时存在多种可供选择的手段，这些手段都能够实现该目标，但其对私人权利的限制程度各不相同，那么，国家应当选择对私人权利限制最小的那种手段。第三，均衡性原则。指的是国家机关在实施任何职权行为的过程中，其对私人权利所造成的损害或所付出的行政成本与其所实现的社会公共利益之间应保持恰当的比例关系。如果国家运用的手段对私人权利造成的损害或所付出的社会成本明显高于行政活动所保护、实现的社会利益，这种手段就是违反比例原则的。

比例原则作为一项重要的基本原则，被我国《突发事件应对法》第十一条所确认，其具体要求包括：第一，有关人民政府及其部门采取的应对突发事件的措施，应当与突发事件可能造成的社会危害的性质、程度和范围相适应；第二，有多种措施可供选择的，应当选择有利于最大限度地保护公民、法人和其他组织权益的措施。在应急管理领域，比例原则的最集中体现就是突发事件的分类、分级、分阶段应对。分类应对之所以体现比例原则，原因在于不同类型突发事件发生的原因不同。比如，自然灾害是由自然原因引起的，在其应对措施中，对人的行为进行控制就不是很重要；而社会安全事件是人为的，处置此类事件首先就是对人的行为加以控制，对私人权利的影响肯定要大得多。再如，传染病、洪水、食品安全这些事件的影响范围有时候可能波及一省、全国甚至全球，其应急措施的适用范围自然也很广泛；而生产安全事故、食物中毒等事件的影响区域通常不会太大，也就不需要采取大范围的控制性措施。而分级应对和比例原则的关系就更加明显了，不同级别的突发事件规模、影响范围、损失程度都存在差别，在应对措施的强度上更应轻重有别。分阶段应对所蕴含的比例原则精神也很容易被理解，在突发事件孕育、发展、演变的不同阶段，应急管理活动可能表现为对潜在风险的防控、对即将发生或者很可能发生的突发事件的预警预控、对已经暴发的事件的处置和救援，以及事态基本平息之后的恢复重建，在不同的环节中，政府所面临的应急管理任务紧迫程度不同，有轻重缓急之分，其相关措施的方式、程度自然也应该是不同的。

当然，基于突发事件的不确定性、突然性和复杂性，比例原则在应急管理中的适用应当留有相对灵活的余地，不应该像常态下那样被严格适用，要适当放宽，以免造成政府畏首畏尾、消极作为。例如，在新冠肺炎疫情防控的前期，由于对疫情传播的很多规律认识还很不充分，检测手段、检测能力也跟不上，很多地方政府不得不采取一些限制人员流动的“一刀切”措施，看起来比较简单粗暴，对公民的人身自由也造成了严重的影响。但在当时的情况下，各地政府不得不适度高估风险，采取较为严格的人员疏离措施，绝大多数人也都给予了理解与配合。而随着人们对新冠病毒认识的加深和检测能力的大幅度提升，政府开始有条件采取更加精准、灵活、差别化的防控措施，再采取大面积“一刀切”的封闭隔离措施显然就背离比例原则的要求了。

七、信息公开原则

信息公开原则也可以称为透明原则。及时、准确地公开突发事件事态及其应对措施的相关信息，对于满足公众知情权、监督紧急权力正当行使、防止紧急权力滥用能够发挥举足轻重的作用。除此以外，它还具有常态下的政府信息公开所不具有的特殊功能。首先，信息公开能够为公众提供充裕的资讯，缓解公众在受到危机威胁时遭遇的无助和焦虑，帮助其作出合理的个人行动决策，促使其采取理性措施应对突发事件；其次，公开突发事件信息有助于增进公众对事态和政府应对工作的了解，是提高公众对应急管理措施认同度、配合度的有效方式；最后，突发事件的暴发极易伴随谣言滋生，及时、充分地公开突发事件信息可以防止谣言的产生和传播，避免危机应对工作因为谣言的产生和传播而恶化。大致上以2007年年底《突发事件应对法》的实施为分界点，在此之前，中国应对突发事件的历史上曾经出现很多因信息不透明、公开不及时而导致的惨痛教训。《突发事件应对法》充分汲取了这些教训，在其第五十三条中明确规定："履行统一领导职责或者组织处置突发事件的人民政府，应当按照有关规定统一、准确、及时发布有关突发事件事态发展和应急处置工作的信息。"应该说，在此之后的十几年间，中国在突发事件应对中的信息透明度有了长足的进步。当然，和应急管理领域中的其他法律原则一样，突发事件中的信息公开原则也有其特殊性，这主要体现在两个方面：

第一，突发事件中信息公开的准确性与及时性之间存在天然矛盾。在突发事件应对过程中，政府掌握准确信息的难度大大高于平时，而公开信息的紧迫性又较常态下更甚。在很多时候，政府可能无法在第一时间获取最为准确的信息，即使已经掌握了某些信息，也可能无法在短时间内判断这些信息是否准确，而社会公众却可能对这些信息表现出极大的关切，政府不得不在第一时间公开这些准确性尚无保障的信息。政府解决这一对矛盾的思路，最终还是要将信息公开的及时性而非准确性放到最优先的位置上，并不断提高和社会公众开展风险沟通的能力。首先，要求政府绝对准确地掌握突发事件信息，有时候是一项不可能完成的任务。尤其是对于一些非常规的、新发的突发事件来说，科学的认识存在滞后性，甚至可能经过长期的争论也无法达成科学上的共识，人们有可能一直等不到信息绝对“准确”的那一天。其次，效率是应急的生命线，政府处置危机必须迅速反应、高效行动，否则难以达到应对紧急危险的目的。信息的及时发布能够为危机应对赢得时间、提高效率，对拯救生命、减少损失、稳定人心至关重要，哪怕这个时候的信息还不是那么准确。再次，即使政府不能掌握完全准确的信息，但是相对而言，政府拥有其他任何人都无法比拟的资源优势，其掌握的信息就算是不准确的，那也是最接近准确的。换句话说，如果连政府都不能准确掌握突发事件中的信息，那么基本上就没有其他人能够准确掌握。在要么公开这些不太准确的信息，要么没有任何信息而任凭虚假信息广为传播的两难选择之下，两害相权取其轻，公开政府掌握的信息必须成为退而求其次的选择。最后，及时将信息公开，本身就是提高信息准确性的手段之一，也是提高政府公信力的必然选择。因为及时公开信息要求行政机关对这些信息及时地、持续地更新，而通过这种不断的更新就能够促进信息一步步地趋于准确。一个典型的例子是，在2020年的新冠肺炎疫情中，当武汉市、湖北省的疫情防控工作已经取得决定性胜利、即将全面解除人员流动管控的时候，社会上又出现了对无症状感染者可能造成疫情反复的担忧。应该说，当时在医学上对于无症状感染者的一些认识还不够准确、全面，比如这些群体规模有多大、传染性有多强、最终会不会转为有症状的确诊病人等。但是，此事关系抗疫成败大局，社会公众对这个问题表现出了极大的关切，舆论极为关注。当时，国家就坚持了及时性优先的原则，果断地在第一时间公开已经掌握的相关信息，并充分利用专家资源和公众展开风险沟通，有效地化解了社会焦虑、引导了社会舆论、稳定了社会秩序。而随着不久之后武汉市大规模检测的完成，以及对无症状感染者研究的深入，很多疑问随之得到解答，疫情防控形势也持续好转。

第二，突发事件中信息公开的全面性和选择性之间存在矛盾。许多国家在信息公开的立法或者司法实践中普遍设立了区分处理、部分公开制度。基于突发事件的特殊性以及信息公开制度在事件应对中所承担的特殊功能，政府在相关信息的公开中可以合理地作出一些筛选。首先，突发事件一旦发生将影响社会生活的方方面面，牵动重大社会公共利益，政府也会拥有来自方方面面、各种各样的庞大信息。如果毫无保留、不加选择地公开所有信息，会增加行政机关的工作压力，过多地占用可以用于信息公开的各种行政资源；而且，有的信息一开始看起来可能相互矛盾，全面、仔细地甄别这些信息需要付出更多的行政成本。其次，重大突发事件发生之后，人们的生活方式、思维方式必然有所变化，心理上也会产生一定压力，对信息真伪的辨别能力相对降低，流言和谣言也会相对增多。面对浩瀚的信息，有些公众难以在分析、筛选、加工处理信息的基础上从容理性地选择自己的行动模式。因此，对那些相对次要的、不是公众应对危机迫切需要了解的信息，政府可以有选择地不予公开或者推迟公开，这样既能合理地利用资源，又能最大限度地发挥信息公开对危机应对的关键作用。最后，突发事件不可避免地伴随着人员伤亡、组织消失、财产损失和环境破坏，还会对社会心理造成破坏性的巨大冲击，进而渗透到社会生活的各个层面，自然也包括对突发事件的应对处理。在这样的背景下，政府如果不加选择地将所有信息包括那些过于惨烈血腥的信息公之于众的话，无疑会给民众受伤和脆弱的心灵带来更加沉重的打击，如果处置的是社会安全事件的话，甚至可能激化社会矛盾，使事态更加恶化。因此，对这些信息进行有选择性的处理后部分公开，既不影响公众的知情权，也不妨碍反而促进了危机的应对处理。

第八讲

8

我国应急法制的体系框架

以1954年《宪法》规定戒严制度为起点，我国的应急法制体系经历了从无到有、从少到多、从分散到系统的不断发展与完善的过程。目前，我国的应急法制体系主要包括四个层次的内容：宪法当中的紧急状态等条款；作为应急领域基本法的《突发事件应对法》；按照突发事件的种类或者应急管理的各环节制定的单行性法律、法规、规章；一般法律或者国际条约当中有关紧急状态或突发事件应对的条款。

一、我国应急法制体系发展的三个重要时期

第一，体系形成阶段："非典"疫情触发的应急立法需求。发生在2003年年初的"非典"疫情，是触发我国应急管理体系发展进入"快车道"的里程碑式事件，应急法制体系的发展同样如此。2003年以前，我国应急管理领域的立法处于分散状态，这与我国当时实行的应急管理体制是对应的。长期以来，我国一直实行以部门分工负责为主、议事协调机构和部际联席会议负责协调的应急管理体制。在法律体系上，基本上也是按照突发事件的类型和负责部门进行分别立法，形成了一类事件制定一部法律、行政法规（或者一部法律配套若干部行政法规），并主要由一个部门负责应对的体制和法律对应关系，缺乏综合应对和统筹协调的理念和相应的制度设计。这种"一事一法"立法方式的缺陷在2003年的"非典"疫情中暴露无遗，因为"非典"虽然表现为一个公共卫生事件，但其应对工作却不仅仅涉及主管的卫生部门，而是广泛涉及交通、公安、教育、民航、民政、市场监管、商务等其他部门和广大基层政府，需要政府发挥综合协调作用才能有效应对。为了应对此次危机，国务院仅用一个月左右的时间就制定了《突发公共卫生事件应急条例》，用于保证"非典"中的资源调配、政令畅通和正常生产、生活秩序的恢复。此后，全国人大常委会很快修订了《传染病防治法》，各地

也及时出台了一系列法规、规章。2003年之后，我国的应急管理体系和法治理念、现代应急管理理念逐渐接轨，以“一案三制”为主体的应急管理体系开始形成，也逐步建立了应急法制的基本框架。这一阶段的代表性立法成果有二：一是2004年的《宪法》修正案将“戒严”制度修改为“紧急状态”制度，二是2007年应急管理领域综合性法律《突发事件应对法》颁布实施。

第二，快速发展阶段：南方雪灾和“5·12”汶川地震之后的密集立法。《突发事件应对法》实施后不久，2008年的南方雨雪冰冻灾害、“5·12”汶川地震相继发生。人们开始普遍意识到，对于不确定程度较低的常规突发事件，应急法律可以凭借“以不变应万变”的方式小心翼翼地实现各种目标，而非常规突发事件的发生将使这一切重新面临考验。事实证明，《突发事件应对法》在南方雪灾、汶川地震这样的新型突发事件或者特别重大突发事件的考验、冲击之下暴露出了一系列缺点和不足，不能满足这些非常规突发事件应对的需求。因此，很多专家学者提出了修改《突发事件应对法》的建议，指出现行应急法制存在对应急组织体系的规定不够健全、对社会和市场力量参与制度规定不足、对应急预案的编制和演练要求不够明确、对重大突发事件的应急准备保障不到位以及对事后恢复和重建制度的规定存在空白等问题。尽管汶川地震之后，全国人大常委会一度考虑过修订《突发事件应对法》，此时距离该法实施不过短短半年时间，但令人遗憾的是，这一设想当时并未得到落实，直到2020年4月，全国人大才重启修法计划。尽管如此，连续发生的重大突发事件仍然进一步推动了我国应急法制体系的完善。2008年之后，我国针对地震等重大突发事件应对以及应急管理中的一些制度空白进行了密集立法，比如修订了《防震减灾法》《气象法》等，制定了《自然灾害救助条例》《社会救助暂行办法》等。各地人大常委会和地方政府也纷纷颁布适用于本行政区域的地方性法规、地方政府规章，很多地方性的突发事件应对条例或者实施《突发事件应对法》的办法，都颁布实施于这一时期。

第三，体系革新阶段：应急管理体制改革之后的立法趋势。2018年的国家机构改革组建了应急管理部，整合了此前分散在11个部门的13项应急管理职能。随后，地方各级政府的应急管理部门也相继挂牌运行。应急管理部门的设立是我国应急管理体制的里程碑式重大改革，在我国应急管理体系的发展史上是一个重大事件。体制的变革必然要求法律体系作出相应的调整，可以预见，机构改革后我国的应急法制体系必将进入一个新的密集立法期，目前已经有所体现。例如，《消防法》已经在2019年修改，《安全生产法》的修订也在2020年进入了全国人大常委会的立法程序当中，将《危险化学品安全管理条例》升格为《危险化学品安全法》和起草《自然灾害防治法》等法律的工作也已经启动。在这个新的阶段，立法将呈现两个显著特点：一是综合性立法增多，这和应急管理部门所承担的在自然灾害防治、安全生产、应急救援等方面的综合性职能是密切相关的；二是更多地反映国家治理体系和治理能力现代化进程中的新成果，特别是简政放权、放管结合、优化服务的“放管服”改革的成果，“告知承诺制”“双随机、一公开”“互联网+监管”“失信联合惩戒”“黑名单”等制度将在新制定、新修订的一批法律、法规中得到体现。

二、我国应急法制体系的主要框架

国家建立应急管理法制体系的最终目的是追求非常态下的法治，实现这一目标的基础是建立一套完整的应急法律规范，以保证应急管理“有法可依”“依法应急”。我国的应急法制体系经过长期发展，尽管还存在很多不够完善的地方，但在体系框架上已经基本完整。下面，我们简要介绍一下这个体系的主要内容。

（一）宪法上的紧急权等制度

大多数国家的宪法都规定了紧急权制度，这是一个国家建立应急法制体系的宪法基础。但是，不同国家宪法对紧急权的规定大不相同：有的国家将上至战争状态、下至普通突发事件应急管理的各种非常法律状态统一规定为紧急状态，有的按照轻重缓急区分了具体类型，有的则没有区分；有的国家将战争状态和紧急状态分别进行规定；有的国家将战争状态、紧急状态和普通突发事件应急管理分别进行规定。

2004年，十届全国人大二次会议对1982年《宪法》做了第四次修改，将《宪法》中规定的“戒严”修改为“紧急状态”，并对紧急状态的决定与宣布作出了规定。这次修改结束了宪法非常法制条款规定不周延的局面（修改之前的《宪法》仅规定了战争、动员、戒严这三种情况），为此后应急法律的制定提供了立法依据。目前，我国宪法中的紧急权制度包括：第一，决定并宣布战争状态的制度，规定在《宪法》第六十二、六十七、八十条；第二，决定并宣布紧急状态的制度，规定在宪法第六十七、八十、八十九条。此外，根据《突发事件应对法》第六十九条规定，普通突发事件的应急管理不属于紧急状态。由此可见，我国宪法上的紧急权制度只适用于战争状态和足以引起宪法秩序改变的特别重大非战争危机，应对其他普通突发事件的法律和行为，不得突破平常的宪法秩序。

除了紧急权制度之外，宪法上还有一些规定是某些应急法律制度的重要基础。例如，《宪法》第四十五条第一款规定："中华人民共和国公民在年老、疾病或者丧失劳动能力的情况下，有从国家和社会获得物质帮助的权利。国家发展为公民享受这些权利所需要的社会保险、社会救济和医疗卫生事业。"尽管这一条规定的表述中没有明确提到公民遭遇突发事件的情况，但可以通过扩大解释，将其作为公民在各种情况下具有社会保障权的依据，从而成为我们建立应急救助、灾害保险等法律制度的宪法基础。

（二）应急管理基本法

我国没有制定《紧急状态法》，现有的应急基本法是2007年11月开始实施的《突发事件应对法》，适用于各类普通突发事件的全过程应对。我国之所以采取制定一部涵盖非紧急状态下各种突发事件应对全过程的基本法这种独一无二的立法模式，与当时的立法背景有关。因为在

2003年的“非典”疫情之后，本来计划制定的是《紧急状态法》，其范围自然涵盖全部种类的突发事件。后来由于立法思路发生了重大转变，改为只调整非紧急状态的应急管理活动，但其涵盖全部种类突发事件、作为应急管理“总法”的思路却被延续下来，就形成了这种独特的立法模式。

在“非典”结束后不久的2004年3月，作为对此次公共危机反思的结果，当时召开的十届全国人大二次会议决定将《宪法》中的戒严制度修改为紧急状态制度。原因在于，戒严仅仅适用于政治动乱、暴乱、骚乱一类的公共危机，对于其他可能给国家安全和社会稳定带来同等程度冲击的突发事件则不能适用，只有将“戒严”扩大到“紧急状态”才能够解决这个问题。为了配套宪法上的这一修改，《紧急状态法》随即被列入全国人大常委会和国务院当年的立法计划，但该法最终出台时却更名为《突发事件应对法》。从《紧急状态法》更名为《突发事件应对法》，体现了这部法律调整对象、调整范围的变化，背后则折射出立法思路上的重大转变。在立法工作之初，当时主要是以2003年的“非典”疫情作为突发事件的情景假设，因此，重点考虑的是解决紧急状态的宣告、结束、监督，以及对紧急状态下政府特殊权力的授予和控制问题。但在《紧急状态法》起草的过程中，起草部门认为《紧急状态法》所调整的对象和应对公共突发事件所需要包含的对象之间虽然有一定的重叠，但应对突发事件的内涵要比紧急状态宽得多。①突发事件应对包括自然灾害、事故灾难、公共卫生事件和社会安全事件四大类，需要宣

① 本书编写组：《中国应急管理的全面开创与发展（2003—2007）》（下册），国家行政学院出版社2017年版，第332页。

布紧急状态可能只是其中的一部分，而且偏重于后面两类事件。大部分突发事件的应对虽然没有达到需要宣告紧急状态的程度，并不会引起宪法秩序的改变，但仍然需要政府采取若干有别于常态的特殊措施，这可能引起行政管理法律秩序的改变，因而也需要获得法律上的根据，需要法律进行调整。因此，如果以《紧急状态法》来涵盖突发事件应对的全部内容，会显得法律的名称和内容很不相称。而且，每一个突发事件的应对都应当依法处置，即使是达不到宣告紧急状态的突发事件，其应对工作也需要有法律来规范。而从应急管理的过程来看，宣告紧急状态主要着重的还是突发事件的事中处置环节，对于事前的风险防控和应急准备、监测预警，以及事后的恢复重建等环节涉及得不多。而“非典”的经验教训表明，应急管理是一个覆盖突发事件发生、发展、演变各环节的全过程管理，而且是以事前的风险防控为主。如果立法仅仅关注紧急状态问题，范围就太窄，覆盖不了全过程，因此需要拓展到整个突发事件应对的层面。这几个方面，成为当时起草部门决定将《紧急状态法》更名为《突发事件应对法》的主要动因。[①]有鉴于此，起草部门一度将紧急状态制度和一般的应急管理制度同时纳入草案当中，并一度在征求意见阶段，将该法更名为《突发事件和紧急状态处置法》。草案的主体内容则分成了两大部分，一部分调整一般突发事件的应对活动，另一部分则调整紧急状态，包括紧急状态的决定、宣布、终止、延续及紧急状态下的特别处置措施等问题。

在国务院将立法草案提交全国人大常委会审议之后，立法思路再一

① 参见本书编写组：《中国应急管理的全面开创与发展（2003—2007）》（下册），国家行政学院出版社2017年版，第332—333页。

次发生了重大变化。如果确实发生了需要宣告紧急状态的极端突发事件，国家在紧急状态下的危机应对措施需要很强的灵活性，而有关紧急状态决定和宣布的制度在《宪法》中已经有了原则性的规定，如果确实需要另行采取特殊处置措施，也可以由全国人大常委会临时另行立法。因此，正式提交审议的立法草案中又删去了有关紧急状态制度的章节和具体条款。最终，在2007年8月24日提交全国人大常委会进行第三次审议的草案中，只在这部法律的“附则”中保留了一个开放性的条款对紧急状态的问题加以交代，就是该法的第六十九条。其规定是：“发生特别重大突发事件，对人民生命财产安全、国家安全、公共安全、环境安全或者社会秩序构成重大威胁，采取本法和其他有关法律、法规、规章规定的应急处置措施不能消除或者有效控制、减轻其严重社会危害，需要进入紧急状态的，由全国人民代表大会常务委员会或者国务院依照宪法和其他有关法律规定的权限和程序决定。紧急状态期间采取的非常措施，依照有关法律规定执行或者由全国人民代表大会常务委员会另行规定。”最终，这部以《紧急状态法》之名列入立法计划的法律，经过四年多的起草、修改和审议，更名为《突发事件应对法》，于2007年8月30日经第十届全国人民代表大会常务委员会第二十九次会议审议通过，于2007年11月1日正式实施。

（三）应急管理单行法

单行性的应急管理法律数量众多，是我国应急法制体系的主体内容，主要包括三类：第一，适用于某一类或某一种突发事件的法律，我们可以称之为“一事一法”，这种立法的基础是不同类型突发事件的性质和应对方式存在重大差异，因此需要分别立法。第二，适用于应急管理某一阶段的法律，可以称之为“一阶段一法”，这样立法的前提是国家希望通过整合资源建立某一应急管理阶段的综合性系统，比如灾害保险、应急准备、应急救助等。第三，适用于某一种类突发事件某一应对阶段的法律，可以称之为“一事一阶段一法”，这种立法针对的通常是对某个国家具有特殊影响的突发事件，用于推行针对该事件的某项特殊政策，如地震、海啸之于日本，洪水、飓风之于美国。我国的应急管理单行法大多数属于“一事一法”；部分为了实施法律而制定的法规、规章属于“一事一阶段一法”，如《汶川地震灾后恢复重建条例》；“一阶段一法”的应急类法律比较少，比较有代表性的是《自然灾害救助条例》《军队参加抢险救灾条例》等。这反映了我国应急工作长期以来以行业管理、分散治理为主的历史传统，也是造成应急管理资源整合不足、综合协调不力的重要原因之一。

以突发事件的类型作为标准，我国“一事一法”的应急管理法律法规主要包括如下几类：

第一，自然灾害类。此类立法主要按照灾种划分，现有立法主要包括法律层面的《防洪法》《防沙治沙法》《防震减灾法》《气象法》《大气污染防治法》等，行政法规层面的《防汛条例》《抗旱条例》《破坏性地震应急条例》《森林防火条例》《草原防火条例》《森林病虫害防治条例》《地质灾害防治条例》《气象灾害防御条例》等，此外还有大量的部门规章。总体来看，我国的自然灾害类立法体现了这几个特点：一是以单灾种立法为主，缺乏跨灾种综合立法；二是行政法规、规章的数量比较多，法律的数量比较少；三是各灾种之间立法的数量很不均衡，比如针对水旱灾害的单行法共有9部，而针对海洋灾害的专门性单行法目前还没有。

第二，事故灾难类。我国事故灾难类的立法相对于其他三类突发事件的立法来说，发展得比较成熟。其中，《安全生产法》作为本领域内的综合性立法，以专章规定了“生产安全事故的应急救援与调查处理”；除此之外，还包括《建筑法》《消防法》《矿山安全法》《特种设备安全法》《海上交通安全法》《放射性污染防治法》等行业法律以及《生产安全事故报告和调查处理条例》《安全生产许可证条例》《生产安全事故应急条例》《危险化学品安全管理条例》《放射性同位素与射线装置安全和防护条例》《国务院关于预防煤矿生产安全事故的特别规定》《建设工程安全生产管理条例》《道路运输条例》《内河交通安全管理条例》《渔业船舶检验条例》《河道管理条例》等一系列涉及生产经营、特种作业监督、矿山和危化品日常管理、交通安全、从业人员救援保障的行政法规、规章。事故灾难领域立法的问题主要有两点：首先，主要法律中对应急管理的规定不足，应急管理理念比较陈旧；其次，由于存在诸多行业性法律法规，难免存在“多头立法”，导致下位法与上位法的规定存在不一致甚至冲突之处。当务之急是要以应急管理部的成立为契机加快修法进程，修改《安全生产法》及相关法律，及时删除不合时宜的规定，将非常态下的应急管理作为《安全生产法》中的一个独立章节加以充实。与此同时，应当尽快进行法规清理，废除年代久远、不再适用的法律文件，或者删除与上位法冲突的条款。

第三，公共卫生类。公共卫生类突发事件的管理以2003年《突发公共卫生事件应急条例》出台作为法治化的标志，在法律层面主要包括《传染病防治法》《食品安全法》《动物防疫法》《进出境动植物检疫法》《国境卫生检疫法》等；在行政法规层面主要包括《重大动物疫情应急条例》《突发公共卫生事件应急条例》《植物检疫条例》等。

第四，社会安全事件类。社会安全事件并不是一个精确的法律概念，只是对同类现象的概括，也可以认为只要是由于人为的因素造成或者可能造成一定区域内的人身或者财产损失的事件就可称为社会安全事件。目前，社会安全事件主要包括恐怖袭击、群体性冲突或暴力事件、经济安全事件、网络安全事件和涉外突发事件等。目前，我国还没有针对社会安全事件应急管理的专门立法，将来制定这样一部法律的可能性也比较小，但有大量法律、法规、规章涉及社会安全事件的应急管理。具体而言，我国《宪法》规定了紧急状态的决定和宣布问题；在法律层面，《价格法》《戒严法》《国防法》《国家安全法》《反恐怖主义法》等分别规定了当正常的经济秩序、社会秩序、国家管理秩序进入非常状态时的紧急处置措施；在行政法规层面主要有《信访条例》《民用爆炸物品安全管理条例》《农药管理条例》《中央储备粮管理条例》《粮食流通管理条例》等。除了以上国内法，我国加入的《制止恐怖主义爆炸的国际公约》等也在实践中规范着社会安全事件的应急管理活动。

以突发事件的应对环节作为标准，我国“一阶段一法”的应急管理法律法规主要包括如下几个部分：

第一，事前预防、准备、监测、预警阶段。这是突发事件发生之前的管理阶段，突发事件并没有实际发生或者只是刚刚发现征兆信息，公共危机处于尚未发生或者向发生演变的过程中。在这一阶段，政府主要履行四个方面的职能：一是对可能导致突发事件的风险加以识别、评估和防控，尽量降低突发事件发生或者造成损失的可能性和程度；二是为将来有可能发生的突发事件进行准备性工作，如进行应急预案编制、应急资源储备、应急场所建设、应急救援队伍建设和演练等；三是对可能发生的突发事件进行日常监测，及时捕捉相关信息；四是在监测过程中发现突发事件已经发生或者有极大的可能发生，向有可能受到突发事件影响的地区或者人员发出警报。在我国目前的应急法律体系中，就应急管理的某一环节进行跨灾种防控、准备或者监测预警的相关法律、法规基本上没有，但有一些针对单一类型突发事件某些环节进行规定的行政法规，如针对地震的《地震安全性评价管理条例》《地震预报管理条例》，针对粮食危机的《中央储备粮管理条例》《粮食流通管理条例》。还有一些法律法规的部分章节涉及相关类型突发事件的事前管理环节，如和海洋灾害有关的《海洋观测预报管理条例》。

第二，事中处置、救援阶段。进入这一阶段标志着突发事件已经实际发生，正常秩序被破坏，应急行动开始实施，行政紧急权力得到扩大。2018年应急管理部成立之后，原公安消防部队、武警森林部队退出现役，与安全生产救援队伍共同组成了综合性常备应急救援力量。因此，这一阶段的立法可以细分为两部分：第一部分是侧重于规定应急处置和救援措施的，如《破坏性地震应急条例》《生产安全事故应急条例》《铁路交通事故应急救援和调查处理条例》等；第二部分是侧重于规定救援人员的，如《消防法》，该法主要针对火灾救援，但是消防部队转制之后，消防队伍承担综合性应急救援的职责，以及《军队参加抢险救灾条例》等。

第三，事后恢复重建阶段。突发事件的危险源基本得到控制，人员和财产救援活动基本结束之后，政府及其相关部门的主要职责是将应急状态恢复到生产生活的正常状态，并对在事件中遭受的各种损失进行恢复，同时处理各种善后问题。目前，我国关于这一阶段的立法比较少，在法律层面上主要是在《慈善法》《公益事业捐赠法》当中有个别条款涉及，另外在2008年汶川地震之后先后出台了《汶川地震灾后恢复重建条例》《自然灾害救助条例》《社会救助暂行办法》等行政法规。

（四）应急管理相关法

应急法是一个庞大、复杂的规范体系，除了专门的应急管理法律、法规、规章之外，其他法律中也广泛存在某些与应急管理相关的制度。这些制度可能是某部法律文件的个别章节，也可能只是个别条款。例如，我国的《刑法》《治安管理处罚法》《人民警察法》《劳动法》《道路交通安全法》《环境保护法》《森林法》《草原法》《公益事业捐赠法》《慈善法》等许多法律中都有和应急管理相关的条款。

（五）有关国际条约和协定

国际条约和协定中有关应急管理的制度主要包括两类：一是有关共同应对某类突发事件的国际条约和协定，如针对恐怖袭击、劫持航空器、海难、海啸等事件的国际法规范；二是国际人权公约中对紧急状态下人权克减和人权保护的规定，如《公民权利和政治权利公约》《欧洲人权公约》《美洲人权公约》中均有相应的规定。

三、我国应急法制的发展和完善

应急法制的一个突出特点就是总结经验、回应实践，其不断完善的过程就是在保持法制体系完整性、自洽性的基础上不断回应应急管理实践需求的过程。纵观世界各主要国家的应急法，很容易发现这样一个普遍的规律，在某一次重大的突发事件后往往会启动一轮密集的立法、修法活动。以日本为例，2011年日本东部发生“3・11”大地震之后，日本连续三次修改《灾害对策基本法》，先后颁布或者修订了《海啸对策推进法》（2011年）、《创建海啸防灾区域法》（2012年）、《原子力规制委员会设置法》（2012年）、《大规模灾害复兴法》（2013年）、《大规模灾害的受灾地区借地借家特别措置法》（2013年）以及《首都直下型地震对策特别措置法》（2013年）六部法律。在2020年的新冠肺炎疫情发生之后，日本又紧急修订了《新型流感等对策特别措置法》。

党的十八大以来，习近平总书记多次强调，建设中国特色社会主义法治体系，必须坚持立法先行，发挥立法的引领、推动作用。虽然我国应急立法的进程总体上在不断加快，但是，为应急管理体制改革提供法律保障的需求，在新冠肺炎疫情之后完善公共卫生应急法制保障的需求等，都要求我们在当前一段时间制定或者修订一大批应急管理领域的法律、法规，我国应急法制发展完善的任务仍然很重、很急。例如，应急管理部组建之后，整合了多项原来分散的自然灾害应对职能，这就提出了在防灾减灾领域制定一部综合性法律的问题；消防、森林两支应急救援队伍转隶应急管理部管理，整合转制为国家综合性应急救援队伍之后，需要系统地梳理、规范全国各级、各类应急救援队伍的关系，这也需要制定相关法律。再如，新冠肺炎疫情的冲击暴露出我国公共卫生应急法律系统还有很多需要加强、完善之处，全国人大专门为此拟定了立法修法的专项规划，涉及大大小小30部法律，其中，《突发事件应对法》《传染病防治法》等法律的修订备受关注。与此同时，对于曾经在“非典”之后列入立法计划但被搁置的《紧急状态法》，很多学者也建议应当借此机会及时重启。上述立法、修法工作，是当前我国应急法制体系发展完善的重点所在，在此我们择要加以介绍。

（一）制定《紧急状态法》的问题

正如前文所述，在《突发事件应对法》立法的前期，本来制定的是《紧急状态法》，后来也曾更名为《突发事件和紧急状态处置法》，但是由于种种原因，正式出台时这部法律当中关于紧急状态的实质性规定都被删除了。近年来，随着理论研究的不断深入和应急管理理念的革新，学术界逐渐认识到对《宪法》中明确提出的紧急状态不能采取回避的态度；而近年来暴发的新冠肺炎疫情等非常规突发事件的处置实际上也提出了宣告紧急状态的问题，仅仅依靠目前的《突发事件应对法》难以保证一些特殊应对措施的合法性。

紧急状态法制和一般应急法制的不同之处在于：第一，紧急状态涉及宪法秩序的变动，紧急状态之下需要采取的应急措施涉及对宪法所规定的公民基本权利的限制，公权力内部应对重大危机而进行的结构调适也打破了宪法上的设计，这显著地体现在立法和行政之间、中央和地方之间关系的改变上，而常规突发事件的应对不需要作出这样的改变。第二，紧急状态之下公权和私权的再平衡往往会突破现有法律的规定，需要通过临时性的特别立法来实现，而常规应急管理中的公私关系变动已经在法律的预设之中，直接适用既有的法律制度就可以实现。第三，重大突发事件所引起的社会秩序改变需要在法律上提炼出一个符号，作为社会秩序切换的统一标识来凝聚社会共识，宣告“紧急状态”正好能够提供这样一种符号。上述这几种特殊功能，依靠《突发事件应对法》等现有法律的规定是做不到的，需要通过制定一部《紧急状态法》来解决；或者应该采取过渡性的做法，修改《突发事件应对法》，增加关于紧急状态的实质性规定。

（二）修订《突发事件应对法》的问题

长期以来，人们都认为法律的效力是与其安定性成正比的，效力越高的法律文件，安定性越高，越不能频繁修改。这种观念与应急法需要回应频繁变动的现实需求的特点是存在矛盾的。在这种观念的影响下，《突发事件应对法》出台后的十多年间，一次也没有修改过。但随着时间的推移和新冠肺炎疫情等一系列重大突发事件应对实践的发展，《突发事件应对法》的时代局限性已经越来越明显。例如，《突发事件应对法》规定的应急体制没有将党政统筹应对巨灾的特殊需要考虑在内；没有理顺突发事件应对中统与分、防与救、上与下、主与辅、处置与保障之间的职责分工关系；对突发事件风险防控、信息系统建设、预警机制的规定残缺不全，甚至呈现“碎片化”状态；对应急预案的性质理解有误，对应急预案的功能定位存在严重偏差；对恢复和重建制度的规定十分粗疏，基本发挥不了规范、调整作用；等等。这些都是亟待解决的问题，已经对我国应急管理体系与能力现代化的进程构成了明显制约。

在应急管理领域，衡量一部法律是不是“良法”，最主要的指标是看其是否显著提升了全社会的危机应对能力，是否具有可操作性从而能够满足应对各种突发事件的实践需要，而不是看其是不是足够“稳定”。因此，增强法律的可操作性，革新应急管理的理念，体现应急管理的新机制新方法，回应应急体制改革的实际需要，是《突发事件应对法》修订的核心目标。在新冠肺炎疫情之后，《突发事件应对法》的修订已经被纳入全国人大常委会的立法计划当中，社会各界给予了高度关注，也寄予了很大的期望。

（三）制定《自然灾害防治法》的问题

习近平总书记在2019年11月29日主持中央政治局集体学习的讲话中提出，要抓紧研究制定应急管理领域的多部法律，其中包括一部自然灾害防治方面的综合性法律。我们认为，制定这样一部法律是非常必要的，但应该将其定位为自然灾害防治领域的一部“综合法”，而不是一部“总法”。

所谓制定“总法”，就是在各灾种单行法的基础上，把自然灾害防治中共同的、一般性的制度内容提取出来加以规定，提取“最大公约数”，成为本领域中一部总括性的法律。在此基础上，再就各灾种具有特殊性的问题及实施这部“总法”的问题，分别制定自己的单行法，形成一个“总分结构”的自然灾害防治法律体系。这一思路的缺点在于：首先，提取“最大公约数”所得到的制度内容必然较为原则、抽象，可操作性较差，立法之后，在自然灾害防治的实践中主要还要靠各灾种的单行法发挥作用，“总法”中看不中用。其次，一部“总法”固然有助于统一自然灾害防治的制度框架，也能够对那些没有制定单行法的小灾种、罕见灾种防治发挥兜底作用，但必须考虑到，我们已经有了《突发事件应对法》，已经能够发挥这方面的作用了，再按照类似思路制定一部《自然灾害防治法》，不免重复。最后，“总分结构”的自然灾害防治法律体系本来有利于节约立法资源，但我们是在各主要灾种单行法比较齐备的情况下制定这样一部法律的，这部法律出台之后，我们并不可能去大规模地修订、删节各种单行法，那就会造成法律体系内部大量内容重复，叠床架屋，反而给法律的宣贯和执行带来困难。

而将《自然灾害防治法》制定为一部“综合法”，则是另外一种思路，就是主要围绕“综合减灾”来立法。这里的“综合减灾”较为广义，包括综合地防灾、减灾、救灾，简言之就是指自然灾害防治中那些需要进行跨灾种综合统筹、资源整合、“合”胜于“分”的工作。将《自然灾害防治法》的调整范围聚焦在灾害防治的综合性工作上，有以下几点优势：首先，有利于凸显立法的必要性。自然灾害防治工作，有的需要综合统筹，“合”胜于“分”，有的则强调专业分工，“分”胜于“合”。当前，我国的自然灾害防治法律体系并不缺少单行法，也不缺少兜底法，缺少的是调整灾害综合防治工作的法，这才是《自然灾害防治法》需要填补的空白。至于那些本来就适合按灾种“分而治之”的工作，已经由各种单行法进行调整了，再将这些法律制度概括汇总之后写入《自然灾害防治法》，只有形式上的意义，实质上还是重复立法。其次，有利于厘清该法和其他法律的关系。在上有《突发事件应对法》、下有各单行法的情况下，再制定一部《自然灾害防治法》，厘清和这些“左邻右舍”的关系非常重要。简单地说，《突发事件应对法》调整的是“多灾种未经综合的全过程”；单行性立法调整的是“单灾种的全过程”；《自然灾害防治法》调整的是“多灾种经过综合的关键过程”。这样一来，三者定位的差别就比较明显。最后，有利于界分应急管理部门和其他部门的职责。机构改革之后，应急管理部整合了多项自然灾害防治职能，甚至被误认为“包揽”了全部自然灾害防治职能。但实际上，应急管理部门整合的只是灾种，不是也不可能整合自然灾害应对的全部过程，而只能是整合“宜合不宜分”的这部分关键过程。所以，按照“综合法”的思路来制定《自然灾害防治法》，这部法律的调整范围和应急管理部门在灾害防治方面的职责范围，基本上就是对应的。这部法律出台之后，也主要由应急管理部门来牵头执行，这样权责就比较分明，实施效果也比较有保证。

（四）修订《传染病防治法》的问题

我国《传染病防治法》的制定源于1988年的上海甲肝疫情，在“非典”疫情之后的2004年进行过大幅度修订。《传染病防治法》在新冠肺炎疫情防控中发挥了积极作用，但也暴露出很多问题。疫情期间及之后，修订这部法律的呼声很高，很快也被纳入了全国人大常委会的专项立法修法计划当中，其修订思路和方案同样受到社会各界高度关注。

《传染病防治法》存在明显的结构性问题，将日常化的传染病防控、常规传染病疫情的应对和非常规、重大传染病疫情的应对这三种有着不同目标、不同需求的制度嫁接、折叠在了一起，造成了制度安排上的混乱。比如，日常的传染病防控工作性质比较单一，对专业性的要求比较高，有关日常防控工作的决策也属于常规决策，比较适合以卫生部门为中心、主要依托疾控机构来完成这些工作；而如果出现了传染病的暴发、流行，就涉及多个部门，需要快速反应、综合统筹，其有关决策活动属于应急决策、风险决策，应当建立起属地管理为主、党委政府统一指挥的应急体制。而《传染病防治法》没有注意到这两个阶段的重大区别，在传染病疫情应对中沿用了日常防控工作中以“条”为主、专业主义、单决策节点、长决策链条的模式。再如，常规的传染病暴发、流行规律已经为我们所基本掌握，其防控过程强调精准化，对影响人身、财产权利的防控措施的运用条件比较严格，实施起来要求谨慎、妥当；而一旦暴发了新型的、未知的传染病，由于其风险巨大，要求措施果断、适度从严、宁枉勿纵，法律对侵益性防控措施的限制就要宽松得多，而以授权性、保障性规定为主。而《传染病防治法》也没有注意到这两种情形的区别，其所规定的基本上都是常规传染病疫情防控的相关制度，缺乏对超常规公共卫生事件的情景预设。因此，对于《传染病防治法》的修订来说，主要思路就是将上述三种被折叠在一起的不同性质、不同功能的制度重新区分清楚，按照其各自功能定位进行相匹配的制度设计，理顺这部法律的内在结构，使其真正能够在公共卫生应急管理中发挥基础性的法律保障作用。

第九讲

9

应急管理中的责任机制

责任机制是法律上所规定的各种权利义务最终得以落实的保证，因为违反了法律规范中的权利义务安排，相关主体会被追究责任，而这种责任的追究还得到了国家强制力的保障。这样一来，责任机制的威慑力就会倒逼社会关系中的各方主体遵守法律的规定。在应急管理中，责任机制同样是通过这样的方式来发挥作用的。需要说明的是，我们这里所讲的“责任”是广义的，不但包括法律上的民事责任、刑事责任、行政责任和公职人员的纪律处分责任，还包括党纪处分责任。在应急管理过程中，可能产生的法律责任主要有六种：一是由于国家机关及其工作人员的职务违法行为，需要承担党纪处分和政务处分责任；二是党政领导干部在突发事件应对过程中出现失职、失误或者造成严重后果的，需要依法被问责；三是普通的公民、法人或者其他组织，在突发事件应对过程中有违反行政管理秩序的行为，要承担行政责任，主要是被处以行政处罚；四是上述第一种、第三种情况的情节比较严重，从而构成犯罪的，要承担刑事责任；五是个人或者单位在突发事件应对过程中有侵权行为，或者因为突发事件的暴发及其应对措施而导致违约等，可能需要承担民事责任；六是由于突发事件应对过程中的国家侵权行为产生的国家赔偿责任，以及在此过程中的政府紧急征用等行为所产生的国家补偿责任。

一、党纪处分和政务处分

党纪处分，指的是党员违反党章和其他党内法规，违反国家法律法规，违反党和国家政策，违反社会主义道德，实施了危害党、国家和人民利益的行为，依照规定应当给予的处分。对党员的纪律处分种类包括：警告、严重警告、撤销党内职务、留党察看、开除党籍。对党纪处分责任的追究，由党的各级纪律检查机关实施，其主要依据是党章和《中国共产党纪律处分条例》。政务处分，指的是公职人员违反法律、法规、规章以及上级的决定和命令，应当承担法律和纪律责任，从而给予的处分。政务处分的种类包括：警告、记过、记大过、降级、撤职、开除。对政务处分责任的追究，由国家监察机关和公职人员的任免机关、单位实施，其主要依据是《公务员法》和《公职人员政务处分法》。

对于党纪处分和政务处分的适用，需要把握好如下几对关系：

第一，党纪处分和政务处分的关系。党员所受到的党纪约束不但远远严格于普通公民，也严格于非党员的公职人员。两种处分责任相比，党纪处分适用的情形更宽、适用的标准更严，党员不仅在违反党章和其他党内法规、违反国家法律法规的情况下要受到处分，违反党和国家政策、违反社会主义道德等情况下也要受到处分；而政务处分适用的范围要窄一些、严格程度要低一些，只适用于公职人员违反法律、法规、规章以及上级的决定和命令的情形。因此，如果一个党员身份的公职人员受到了政务处分，必然也会受到党纪处分；但是，一个受到党纪处分的公职人员，如果其违纪行为的性质和情节不够严重，有可能并不同时受到政务处分。因此，《中国共产党纪律处分条例》第二十九条规定："党组织在纪律审查中发现党员严重违纪涉嫌违法犯罪的，原则上先作出党纪处分决定，并按照规定给予政务处分后，再移送有关国家机关依法处理。"

第二，党纪处分、政务处分和刑事责任之间的关系。这一点比较简单，受到刑事处罚的公职人员要给予开除处分；如果是党员的，同时给予党纪处分，但是给予何种类型的党纪处分，则与其犯罪的具体罪名和情节等有关。但是，仅仅有违法违纪行为而尚未构成犯罪的，只给予党纪处分、政务处分，不追究刑事责任。

第三，党纪处分、政务处分和党政领导干部问责之间的关系。党政领导干部问责制中的责任，本质上是一种政治责任，就是领导干部在履职过程中失误、失职或者发生严重后果的时候，通过辞职、免职等承担责任的方式。党政领导干部问责制所针对的只是担任一定领导职务的党政干部，而党纪处分还可以针对普通党员，政务处分还可以针对普通公职人员。另一个最本质的区别在于，对党政领导干部进行问责不需要以其存在违法违纪行为为前提条件，而是以其履职行为是否存在失职、失误或者严重后果为标准。在某些情况下，领导干部由于履职失职、失误引起的民愤很大，为了回应社会呼声，必须快速问责将其免职或者责令其引咎辞职。此时，对于其是否同时存在违法违纪行为可能还来不及详细调查，事后经过调查发现其存在此类行为的，还应给予党纪处分、政务处分，直至追究刑事责任。值得注意的是，作为对领导干部问责方式的免职、引咎辞职和作为政务处分方式的撤职之间有着明显差别。被免职或者引咎辞职的公职人员只是丧失了当时担任的领导职务，仍然保留党籍、公职身份和行政级别，在一段时间之后，仍然可以被任命到其他同等级别的岗位上；而被给予撤职处分的公职人员不但丧失了原来的职务，还应当被降低级别。

严格地说，所有依规应当给予党员党纪处分、依法应当给予公职人员政务处分的情形，在应急管理领域都有可能出现。但是，与应急管理关系密切、发生频率较高的主要是如下几类情形：

第一，对突发事件的发生负有责任。一般来说，公职人员本身不会是引发突发事件的源头，他们对于事件发生的责任主要表现在没有依法履行风险防控职责方面，如没有依法采取风险管理措施、没有按规定排查隐患、没有按规定对已经发现的安全隐患进行治理，导致发生了突发事件，或者在原生事件暴发之后没有采取必要的防范措施导致发生次生、衍生事件等。

第二，对应急准备不足负有责任。即公职人员没有按规定对可能发生的突发事件进行必要的准备，严重影响突发事件应对效果的情况。比如，没有按规定编制应急预案、没有按法律要求建立应急救援队伍、没有储备在数量和规格上符合要求的应急物资、没有配置必要的应急设施设备或者已经配置的设施设备无法正常使用等。

第三，对突发事件信息进行了错误的处理。比如，没有按要求建立突发事件信息的监测网络和报告制度；迟报、谎报、瞒报、漏报突发事件信息；向上级机关或者其他机关通报、报送、公布了虚假信息；没有及时对有关突发事件信息进行分析研判，贻误了发布预警的时机，导致损害后果；没有按规定及时发布突发事件预警，或者发布预警之后没有及时采取、调整预警期的控制措施，导致损害后果等。

第四，在突发事件处置中负有责任的。比如，没有按规定及时采取措施处置突发事件或者处置不当，造成损害后果；不服从上级机关对突发事件应急处置工作的统一领导、指挥和协调；执行上级决定的应急处置措施不及时、不到位，造成损害后果；在应急处置过程中滥用职权，侵犯公民、法人或者其他组织的合法权益等。

第五，在灾后恢复重建中负有责任的。比如，没有及时组织开展生产自救、恢复重建等善后工作，或者没有按规定和上级机关的要求落实恢复重建计划；不按照规定对突发事件中的受害人员及时采取救助措施；无正当理由不落实经过上级政府批准的灾后改进措施等。

第六，在突发事件应对过程中侵犯公私财产权益的。比如，截留、挪用、私分或者变相私分应急救援资金、物资；违法征用财产，或者不及时归还被征用的财产，或者对被征用财产的单位和个人不按规定给予补偿等。

二、领导干部问责制

应急管理中的领导干部问责制，指的是因为突发事件的发生、扩大或应对不力，由负有职责的党政领导干部通过公开道歉、停职检查、引咎辞职、责令辞职、免职等职务身份或职务声誉受损的方式承担个人责任的制度。那么，我们在已经建立了国家赔偿、政务处分、刑事处罚等各种针对政府及公职人员的责任追究制度之外，为什么还要针对领导干部的职务声誉和职务身份建立问责制呢？

第一是具有激励功能。从制度经济学的角度来看，人民和政府、中央和地方、上级和下级之间都是一种“委托—代理”关系，而“委托—代理”关系的核心特点就是委托人和代理人之间存在信息不对称，代理人拥有相对于委托人的信息优势。这些信息如代理人的知识、能力、努力程度等，都是委托人无法确切掌握的，而由于技术、成本等条件的制约和随机因素的干扰，委托人也无法对代理人的工作实施全程、全面监督。因此，“委托—代理”关系中普遍存在道德风险，即代理人可能利用信息优势实施不符合委托人期望的行为，损害委托人的利益。在应急管理中，这一点表现得十分明显。因为紧急权力和应急资源高度集中在政府手中，公众的参与程度比平时更加有限，加上应急管理具有紧急性、复杂性、专业性、多变性等特征，即使在信息公开较为充分的条件下，公众的所知也必然有限，即使是上级政府也无法及时完全掌握。因此，在面对突发事件时，社会公众和公职人员的目标函数有可能是不一致的。社会公众希望尽快控制风险、克服危机，在危机发生后尽快将损失降到最小；有的公职人员则可能基于经济发展、仕途升迁等政绩目标无视风险积聚，坐视危机发生，或在危机发生后尽量避免其对自身利益的影响。道德风险由此产生，应急管理中发生的谎报、瞒报、不作为等，其根源正在于此。

要解决信息不对称所带来的道德风险，就需要设计有效的激励机制。也就是说，在不拥有代理人完全信息的条件下，委托人要根据其掌握的有限信息对代理人加以奖惩，以激励代理人做出对委托人最有利的行动。而在应急管理中，可供委托人选择的激励方式很有限。首先，只能选择隐性激励而非显性激励。显性激励机制适用于一次性的或临时的委托代理关系，由于委托人无法通过长期观察来了解代理人的隐藏信息和隐藏行动，因此只能根据可观测的行动结果对代理人予以奖惩，例如使代理人的薪酬、晋升与业绩直接挂钩。隐性激励机制则适用于长期的、重复的委托代理关系，它可以依靠时间所产生的长期利益来解决道德风险，因为长期任职的契约向代理人提供了一定程度的保障，可以在一定程度上遏制代理人的道德风险。简单地说，显性激励的工具是短期利益，而隐性激励的工具则是职位保障、职务声誉所带来的长期利益。我们知道，党政领导干部的任职具有长期性，应急管理工作也不是“一锤子买卖”，不可能适用显性激励，只有长期的“仕途”前景和政治声誉才可能成为有效的激励工具。其次，主要应使用负激励而非正激励。正激励就是在代理人的行为符合委托人期望时使其利益增加，负激励是在其行为背离委托人期望时使其利益受损。对于公职人员来说，最重要的正激励就是职务升迁，但决定其升迁的因素是复杂的，应急管理的绩效只是其中之一，不可能绝对挂钩。其他可以直接挂钩的正激励工具主要是精神激励，如嘉奖、记功，但激励效果有限。因此，这里的主要激励工具只能是负激励，也就是在应急管理绩效不能满足公众和上级期望时，使领导干部在职务和声誉上承受否定性结果，这就是问责制。

第二是具有回应功能。对党政领导干部的问责之所以具有回应民意的功能，主要是由问责制的政治责任属性所决定的。现代民主政治的基本逻辑决定了，当政府作为公共权力的受托人不符合委托人的期待时，必须对民意有所交代，必须对舆论有所回应。在实行“一把手”负责制的党政机关，做出“交代”的主要方式就是主要领导干部道歉或者去职。通过问责制对民意的回应，一是体现了公职人员可以被选择、可以被更换的公共精神；二是为公众情绪提供一种宣泄途径，缓解民意指责给政府带来的巨大压力。后者在应急管理中意义尤为重要，因为地方党政机关在这个领域犯错误的概率要大大高于其他领域。重大突发事件的发生，必然会使党政机关面临巨大的社会压力，对党和政府的绩效合法性造成伤害。为了修复这种伤害，必须由一定层级的党政领导干部对外承担责任，此时的领导干部问责制就是缓解公共危机发生之后公职人员与社会公众矛盾的一个安全阀。通过对党政领导干部的问责，可以给社会公众提供一个表达不满、批评政府、参与政治的有效渠道，使政府能够积极回应社会呼声，修复社会公众对政府的合法性认同。

我国的党政领导干部问责制和应急管理有着天然的紧密联系，有关问责制最初的案例就发生在这个领域，迄今为止的大部分案例也都发生在这一领域。2003年，北京市市长孟学农、卫生部部长张文康因应对“非典”疫情不力而被免职，成为当代中国对高级领导干部实行问责制的一个标志性起点。此后，2005年国家环保总局局长解振华因松花江水污染事件去职，2008年国家质检总局局长李长江等人因三鹿奶粉事件下台，都是当时备受社会关注的热点事件。在一系列个案的推动下，2009年7月，中共中央办公厅、国务院办公厅出台了《关于实行党政领导干部问责的暂行规定》。其第五条列举的七种问责情形包括：（1）决策严重失误，造成重大损失或者恶劣影响的；（2）因工作失职，致使本地区、本部门、本系统或者本单位发生特别重大事故、事件、案件，或者在较短时间内连续发生重大事故、事件、案件，造成重大损失或者恶劣影响的；（3）政府职能部门管理、监督不力，在其职责范围内发生特别重大事故、事件、案件，或者在较短时间内连续发生重大事故、事件、案件，造成重大损失或者恶劣影响的；（4）在行政活动中滥用职权，强令、授意实施违法行政行为，或者不作为，引发群体性事件或者其他重大事件的；（5）对群体性、突发性事件处置失当，导致事态恶化，造成恶劣影响的；（6）违反干部选拔任用工作有关规定，导致用人失察、失误，造成恶劣影响的；（7）其他给国家利益、人民生命财产、公共财产造成重大损失或者恶劣影响等失职行为的。我们可以发现，上述问责情形的第二项到第五项都直接指向突发事件应对，而第一项与第七项也和突发事件应对有着密切关系。2019年9月，中共中央修订了《中国共产党问责条例》，其第七条规定的问责事由中，第九项为“履行管理、监督职责不力，职责范围内发生重特大生产安全事故、群体性事件、公共安全事件，或者发生其他严重事故、事件，造成重大损失或者恶劣影响的”。这充分说明，应急管理一直都是推行和适用党政干部问责制的重点领域，这一领域的问责实践也一直推动着党政领导干部问责制度的发展完善。

三、行政责任

行政处罚，指的是行政主体对于实施了违法行为，但尚未构成犯罪的公民、法人或其他组织，通过剥夺或限制其一定利益的方法，加以惩戒的行为。在应急管理过程中，行政处罚的适用主要包括三种情况：

第一，当事人实施了与突发事件应对直接相关的违法行为，应当给予处罚。例如，有关单位没有按规定采取预防措施，导致发生严重突发事件；没有及时消除已经发现的可能引发突发事件的隐患，导致发生严重突发事件；没有做好应急设备、设施日常维护、检测工作，导致发生严重突发事件或者突发事件危害扩大；突发事件发生后，不及时组织开展应急救援工作，造成严重后果；编造并传播有关突发事件事态发展或者应急处置工作的虚假信息，或者明知是有关突发事件事态发展或者应急处置工作的虚假信息而进行传播；等等。

第二，当事人实施的违法行为与突发事件并不直接相关，但对突发事件应对工作造成不利影响。这些违法行为在平常状态下也应当给予处罚，但在突发事件应对期间其违法后果比平时更加严重，可能会被处以比平时更重的行政处罚。例如，囤积居奇、哄抬物价的行为在任何时候都应当受到行政处罚，而在突发事件发生之后，采取这种方式抬高应急物资或者生活物资的价格，对社会秩序的影响要远远大于平时，应当受到更加严厉的处罚。我们看到，在新冠肺炎疫情期间，国家市场监管总局就紧急出台了《关于新型冠状病毒感染肺炎疫情防控期间查处哄抬价格违法行为的指导意见》，对哄抬价格行为作出了比平时更加宽泛的认定，明显加大了打击力度。再如，“医闹”行为在任何时候都应当受到处罚，但在传染病疫情防控期间，由于医护人员付出了巨大的努力和牺牲，是决定事态应对成败的关键力量，在此期间发生的“医闹”行为会严重伤害在前线奋战的医护人员的感情，也应当受到比平时更加严厉的处罚。

第三，当事人在突发事件应对期间有治安违法行为，应当给予治安处罚。这种情况主要发生在应急处置阶段，有些单位和个人不服从政府及其有关部门发布的决定、命令或者不配合其依法采取的措施，有的就会构成治安违法行为。应急管理领域的法律、法规不会直接设定治安处罚事由，而是先规定对于某些违法行为给予其他的行政处罚，再规定如果这些情况构成治安违法，由公安机关依法给予治安处罚。而这些情况是否构成治安违法，最后还要根据《治安管理处罚法》上规定的各种治安违法行为构成要件来判断。总的来说，突发事件应对期间可能给予治安处罚的情形主要包括：（1）扰乱公共秩序类行为，包括扰乱机关、团体、企业、事业单位秩序，致使工作、生产、营业、医疗、教学、科研不能正常进行，尚未造成严重损失的；扰乱车站、港口、码头、机场、商场、公园、展览馆或者其他公共场所秩序的；扰乱公共汽车、电车、火车、船舶、航空器或者其他公共交通工具上的秩序的；散布谣言，谎报险情、疫情、警情或者以其他方法故意扰乱公共秩序的；投放虚假的爆炸性、毒害性、放射性、腐蚀性物质或者传染病病原体等危险物质扰乱公共秩序的；扬言实施放火、爆炸、投放危险物质扰乱公共秩序的。

（2）导致安全事故危险类行为，包括举办文化、体育等大型群众性活动，违反有关规定，有发生安全事故危险的；旅馆、饭店、影剧院、娱乐场、运动场、展览馆或者其他供社会公众活动的场所的经营管理人员违反安全规定，致使该场所有发生安全事故危险，经公安机关责令改正，拒不改正的。（3）阻碍国家机关执行职务类行为，包括拒不执行人民政府在紧急状态情况下依法发布的决定、命令的；阻碍国家机关工作人员依法执行职务的；阻碍执行紧急任务的消防车、救护车、工程抢险车、警车等车辆通行的；强行冲闯公安机关设置的警戒带、警戒区的。（4）煽动、策划非法集会、游行、示威，不听劝阻的。

四、刑事责任

与突发事件应对相关的犯罪，在犯罪主体上既有可能是公职人员，也有可能是一般的个人或者单位。可以说，我们在前文介绍的党纪处分和政务处分责任，以及针对普通人的行政处罚，如果应当被追究这些责任的违法行为严重到了一定程度，大多数都有可能触犯刑法，应当被追究刑事责任。我们在这里主要介绍和突发事件应对活动密切相关的几类罪名。

第一，因造成或者扩大突发事件导致的刑事责任。在暴力型的社会安全事件中，主要涉及的罪名是《刑法》分则第一章的危害国家安全类罪名、第二章的危害公共安全类罪名；在生产安全事故中，主要涉及的罪名有重大责任事故罪，强令、组织他人违章冒险作业罪，危险作业罪，重大劳动安全事故罪，大型群众性活动重大安全事故罪，危险物品肇事罪，工程重大安全事故罪，教育设施重大安全事故罪，消防责任事故罪，不报、谎报安全事故罪等；在食品、药品安全事件中，主要涉及的是生产、销售假药罪，生产、销售劣药罪，生产、销售不符合安全标准的食品罪，生产、销售有毒、有害食品罪，生产、销售不符合标准的医用器材罪等；在网络安全事件中，主要涉及的是拒不履行信息网络安全管理义务罪等；在传染病疫情中，主要涉及的是妨害传染病防治罪，传染病菌种、毒种扩散罪，妨害国境卫生检疫罪，非法组织卖血罪，非法采集、供应血液、制作、供应血液制品罪，妨害动植物防疫、检疫罪；在环境事故中，主要涉及的是污染环境罪等。此外，对于一些引起或者扩大突发事件但又没有具体对应罪名的行为，还可以适用《刑法》分则第一百一十四条、第一百一十五条中危害公共安全罪中的兜底罪名“以其他危险方法危害公共安全罪”。

第二，因妨害应急处置秩序引起的刑事责任。政府对突发事件实施的应急处置措施是典型的执行公务行为，个人和单位具有高度配合义务，使用暴力、聚众等方式对抗应急处置措施，或者对抗应急处置措施造成严重后果，或者以制造恐慌等方式破坏应急处置工作的，应当被追究刑事责任。这方面可能涉及的主要罪名包括妨害公务罪，煽动暴力抗拒法律实施罪，聚众扰乱社会秩序罪，聚众扰乱公共场所秩序、交通秩序罪，投放虚假危险物质罪，非法集会、游行、示威罪等。

第三，在突发事件应对工作中的职务犯罪。主要指的是公职人员严重渎职，导致突发事件的发生或者扩大，或者对突发事件处置不力造成严重后果，应当承担刑事责任的情况。主要涉及的罪名包括滥用职权罪、玩忽职守罪、食品监管渎职罪、传染病防治失职罪、动植物检疫徇私舞弊罪、放纵制售伪劣商品犯罪行为罪等。

五、民事责任

民事责任包括侵权责任和违约责任。在突发事件应对所导致的民事责任中，涉及不可抗力的认定、紧急避险的认定，以及政府采取的应急处置措施设定了民事权利义务所导致的责任，有一些特殊之处，我们择要加以讨论。

第一，对于引发或者扩大突发事件所导致的侵权责任的认定。引发或者扩大突发事件的个人或者单位，应当承担对受害者的侵权赔偿责任。但是，很多突发事件造成的损害十分巨大，影响面也很宽，其产生和发展的过程也比较复杂，如果由主张侵权赔偿的受害人承担举证责任，几乎是不可能的。因此，必须由政府对事件的发生和经过组织专门的调查，根据其查明的事实，司法机关再认定相关主体的民事责任。这样一来，政府的调查结果几乎就成了无法反驳的唯一证据，因为如果不认同这个调查结果，当事人自己很难有能力搜集相反的证据来推翻它，即使是法院，限于专业能力，实际上也很难进一步查明事实。也就是说，政府的调查结果几乎可以直接决定当事人之间的民事责任。那么，为了保证调查结果的公平公正，首先就必须要保证调查组织的中立性与独立性；其次是要将调查结果及时公开；最后还应该允许当事人在不服调查结果的情况下申请行政复议或者提起行政诉讼，有权通过相反的证据质疑、推翻政府的调查结论。

第二，对紧急避险行为的认定。突发事件发生后，有很多受到事件威胁的人会采取紧急避险措施，这些措施可能导致他人合法权益受损。对此，《民法典》第一百八十二条规定：“因紧急避险造成损害的，由引起险情发生的人承担民事责任。危险由自然原因引起的，紧急避险人不承担民事责任，可以给予适当补偿。紧急避险采取措施不当或者超过必要的限度，造成不应有的损害的，紧急避险人应当承担适当的民事责任。”但是，对于个体遭遇的险情，或者小规模突发事件中的险情，判断紧急避险措施是否不当或过度是比较容易的，而在重大突发事件当中，险情复杂多变，一般人很难判断到底什么样的避险措施是适当和必要的。对此，司法机关一方面应当综合整个突发事件的发生和演变过程来判断，而不只是考察避险行为发生时的事态情形；另一方面要根据政府在事件中对公众发布的指导、建议来判断个案中的避险措施是否不当或者超过必要限度。

第三，对不可抗力的认定。《民法典》第一百八十条规定：“因不可抗力不能履行民事义务的，不承担民事责任。法律另有规定的，依照其规定。不可抗力是不能预见、不能避免且不能克服的客观情况。”显然，突发事件本身和政府采取的应对措施有可能构成不可抗力，但也不能一概而论。对于违约责任来说，判断突发事件是否具有不可预见性，不仅仅要看合同签订时事件是否已经发生或者已经发出了预警，对于那些已经发生或者已经预警的事件来说，还要看其发展演变过程。因为即使是已经发生或者已经预警的事件，当时的情形或者其常规情况下的发展前景也未必构成合同履行的不可抗力；但如果事态发生突变就有可能成为不可抗力，而这种突变也未必是当事人在签订合同时所能够合理预见的。对于事件能否克服这一标准，也不能仅仅因突发事件的发生和政府采取应急处置措施就认定属于不可抗力，因为突发事件本身级别不同，政府的应急处置措施级别也不同，突发事件和处置措施对于当事人履约来说是否不可克服，要根据事件及其处置措施的具体影响来确定。

第四，政府设定民事权利义务所引起的责任。按照《立法法》的规定，民事法律制度应当由法律规定，政府的行政立法无权规定民事法律制度，行政措施也不可能在平等主体之间设定民事权利义务。但在发生重大突发事件的情况下，政府采取的一些应急处置措施就有可能涉及对民事权利义务的设定，而有关主体违反了这种权利义务安排，就有可能导致民事责任。例如，《传染病防治法》第四十一条第二款规定："在隔离期间，实施隔离措施的人民政府应当对被隔离人员提供生活保障；被隔离人员有工作单位的，所在单位不得停止支付其隔离期间的工作报酬。"但是，对于没有被采取隔离措施但因为其他防控措施如停产停业措施而在疫情期间无法上班的人，其工作报酬如何解决，法律却没有规定。政府为了保证停产停业措施的顺利实施并稳定疫情期间的社会秩序，可能会要求企业正常支付这段时间的员工工资，但这样一来就加重了企业的负担。如果有的企业拒绝执行这一规定，而员工申请仲裁或者起诉，就会产生法律责任的认定问题。而在没有法律依据的情况下，必然会产生很多争议。要解决这样的问题，就必须通过法律直接作出明确规定，或者授权政府在一定前提下作出具体规定。

六、行政赔偿和行政补偿

政府在突发事件应对过程中的职务行为有可能引发对外的法律责任，简单地说，违法的职权行为可能导致行政赔偿责任；合法的职权行为导致私人权益蒙受损失的，将导致行政补偿责任。

（一）行政赔偿责任和行政补偿责任

行政赔偿指的是因行政主体违法行使职权的行为造成公民、法人或其他组织合法权益损害而引起的赔偿责任。根据《国家赔偿法》的规定，下列情况属于行政赔偿的范围：第一，违法拘留或者违法采取限制公民人身自由的行政强制措施的；第二，非法拘禁或者以其他方法非法剥夺公民人身自由的；第三，以殴打、虐待等行为或者唆使、放纵他人以殴打、虐待等行为造成公民身体伤害或者死亡的；第四，违法使用武器、警械造成公民身体伤害或者死亡的；第五，造成公民身体伤害或者死亡的其他违法行为；第六，违法实施罚款、吊销许可证和执照、责令停产停业、没收财物等行政处罚的；第七，违法对财产采取查封、扣押、冻结等行政强制措施的；第八，违法征收、征用财产的；第九，造成财产损害的其他违法行为。对于下列情况，国家不承担行政赔偿责任：

第一，行政机关工作人员与行使职权无关的个人行为；第二，因公民、法人和其他组织自己的行为致使损害发生的；第三，法律规定的其他情形。

行政补偿与行政赔偿有所不同，是一种比较纯粹的利益补偿机制，不具有对违法行政行为进行监督的功能。对于行政补偿的性质，要着重理解这两点：第一，行政补偿的目的是弥补私人为公共利益所作出的特别牺牲。无论是何种性质的行政补偿，都可以理解为源于私人因公共利益的需要或因合法公务行为的实施而遭受的特别损失。所谓“特别”，指的是这种损失只是个别人、少数人在特定情况下所遭受的，而不是所有人共同遭受的普遍损失。第二，导致行政补偿的行为是政府的合法行为。这里的合法不是指结果合法，因为这些行为均以牺牲个别私人的合法利益为结果，在结果上很难称为合法，应当理解为目的合法和形式合法，即一方面政府是基于公共利益目的而采取行为，另一方面该行为在实施主体、事实根据、法律依据和实施程序方面均无违法情形，这是行政补偿和行政赔偿的根本区别所在。

我国行政补偿制度的宪法依据，是2004年《宪法》修正案中有关私有财产和农村集体土地征用补偿的规定。在法律层面，我国还没有统一的行政补偿法，也没有在某部法律中集中地作出规定，而是零散地分布在大量的法律、法规、规章当中。应当说，我国的行政补偿法制还很不完善。结合理论通说和我国的实际情况，一般情况下，可以认为我国的行政补偿范围包括：

第一，财产性利益补偿。一是财产性利益征收征用补偿，即政府出于公共利益需要而取得私人财产所有权或使用权而给予的补偿，如土地征收补偿、房屋征收补偿、企业征用补偿、移民补偿、专利征收补偿、废止许可证的补偿等。二是财产性利益限制补偿。有时候，政府并不取得私人财产的所有权或使用权，而是基于公共目的限制私人财产性权利的行使，也需要给予补偿。例如，政府基于生态保护的需要限制私人采伐权、捕捞权、狩猎权的行使，或者基于文物保护的需要限制私人土地所有权或使用权的行使，或者因变更许可证内容而限缩被许可行为的范围造成损失等。三是公务行为附随效果损失补偿，即公务行为并不以取得或者限制私人的财产性利益为目的，但在客观后果上造成了私人财产性利益的损失，也应当给予补偿。例如，政府基于保护野生动物的需要而划定保护区，导致保护区内的动物损害附近农作物甚至伤人。又如，由于修建公用设施而给周边的生活环境带来不利影响等。

第二，人身性利益补偿。传统观点认为，国家无论如何不得要求公民牺牲人身利益来满足公共目的，无论给予何种重大的补偿均是如此。但实际上，通过公民牺牲人身利益来满足公共利益的情况比比皆是。因此，公民人身性利益的牺牲补偿应当得到承认，但必须限定在一定范围之内，公民的生命权、健康权、长时间的自由权不得因公共利益的需要而被剥夺或限制，而其他人身性利益如劳动自由、短时间的人身自由等有可能在特殊情况下受到适当限制。

第三，无因管理损失补偿。指的是私人在没有法定义务的情况下，为了公共利益实施管理行为而受到损失所应当获得的补偿。例如，公民在突发事件中参加应急救援、公民协助警察抓捕歹徒等，由于这些无因管理行为致使私人权益遭受损失的，属于特别牺牲，应当给予补偿。

（二）行政赔偿和行政补偿在应急管理中的界限

这个界限在一般情况下比较清晰，就是判断政府的行为是否合法。但由于应急管理特别是应急处置措施具有特殊性，一些在常态下违法的行为在这个时候却是合法的，甚至由于法律的滞后性，存在一些在形式上违法的行为在实质上却是正当的、必需的，这就使得对两者的区分更加困难一些，需要运用一些特殊的标准来把握。

第一，权限合法性。我们首先要求政府的应急处置措施有明确、具体的法律依据，这些法律依据通常来自单行性的应急法律、法规、规章。如果没有这样的具体依据，接下来就要看有没有法律、法规、规章提供了概括性的依据，比如《突发事件应对法》规定的很多应急处置措施就比较原则、概括，提供了较大的法律解释空间。如果连概括性的依据都没有，国家就应当依法宣告全国或者特定区域进入紧急状态，然后通过颁布紧急法令赋予政府临时性的紧急权力。

第二，主体的合法性。政府及其部门在应急处置中首先应当尽可能遵守各自的职责分工，在自己的法定权限范围之内采取应急措施。但在某些特殊情况下，政府可能无法做到这一点。比如，突发事件应对中某些领域的任务特别繁重，相关部门的工作人员出现了明显短缺的情形；或者，由于突发事件的打击，一些部门的公职人员出现了大量伤亡、致病或者被隔离，无法正常履职；甚至，由于重大突发事件的打击，某个区域的政府组织系统已经崩溃，失去了基本的组织机构。这时候，政府可以首先依法设立应急指挥机构，将不同部门的公职人员灵活调剂使用，统一以应急指挥机构的名义对外行政。如果这样做仍然解决不了问题，就应该临时招募人员协助履行职责。如果连基本的行政组织体系都已经无法运作，就应当允许应急救援中的军队或者其他救援队伍临时代行地方政府的职权。不过，在我国现行的应急法制体系中，只有上述第一种做法有合法依据，法律对于后两种做法没有作出规定，如果实践中出现了这样的极端情况，只能从实质合法性的角度做出解释。

第三，比例的合法性。应急行政和常态行政都要遵循比例原则，但基于突发事件的不确定性，法律对应急行政的比例控制相对于平常状态要宽松一些。尽管如此，政府仍然要综合考虑风险、能力和损益三个主要因素来决定采取何种程度的应急处置措施，明显超出合理程度的应急处置措施仍然应当被认为是违法的。例如，在新冠肺炎疫情中，一些地方对回乡人员采取封门或者驱逐、强制“劝返”的措施，或者将其个人信息广为散播，这显然违反了比例原则，应当被认定为违法行为。

第四，程序的合法性。在紧急情况下，行政行为的做出可以省略某些程序，但并非意味着可以摒弃所有的程序，仍然应当满足最低限度的正当程序要求。例如，在传染病防治期间对密切接触者采取隔离措施，对于当事人提出的申辩，比如其认为自己并不属于密切接触者，可能没有听取、核实的时间因而可以拒绝，要求当事人先行配合与服从。但是，行政机关对于被隔离者仍然应当履行表明身份、告知事实和理由、送达决定等基本程序。再如，在紧急情况下征用应急物资可能没有办法做到先补偿后征用，或者补偿和征用同时进行，但仍应在应急处置结束之后的合理期限之内给予补偿，而且补偿决定应当由征用的机关依职权主动做出，如果反过来要求被征用者自己向行政机关申请给予补偿，甚至限制申请的期限，那就违反了最基本的正当程序原则。

（三）应急管理中行政补偿责任及其标准的确定

行政补偿的基础是特别牺牲，就是少数人为了多数人的公共利益蒙受了损失，出于公平考虑应当填平这种损失。但在突发事件应对过程中，某些为公共利益而遭受的损失到底是不是“特别”的，决定了是否应当给予补偿，以及损失的程度到底有多大，从而决定了应当给予何种标准的补偿，在认定上存在一些特殊之处。

第一，什么情况下构成特别牺牲。在判断一些应急处置措施所造成的私人利益损失时，应当判断其受损和受益的范围，以确定其是否属于应当给予补偿的特别牺牲。比如，在新冠肺炎疫情的防控中很多地方都对小区、村庄进行了封闭管理，对外来人员进行了一段时间的隔离观察，但由于这些措施所针对的对象是普遍的，所有人都因此蒙受了损失，同时也因为这样的措施而获益，就没有给予补偿的必要。如果有人因此遭遇了特殊困难，比如因此失业，则国家应当给予救助，但这属于应急救助而非行政补偿的范畴。

第二，如何确定补偿的标准。补偿标准的确定一方面要参考常态下的标准，比如财产价值或者平均工资；另一方面要考虑损失和受益相抵的问题。因为很多应急处置措施虽然损害了特定人的利益，但也有可能使其同时受益，这时候就不能只考虑损失不考虑收益。比如，政府在传染病期间对病人、疑似病人和密切接触者进行隔离治疗或者隔离观察，这是对特定人人身自由的限制，但这种限制措施本身也降低了被隔离者的风险并为其免费提供了治疗，损益可以相抵，就不需要再给予补偿。

第十讲

10

常见应急管理术语的法律内涵

应急管理是一个多学科交叉的领域，这个领域在长期的理论研究和实践中，诞生了很多重要的概念、术语。这些术语最初大多来自技术语境或者管理语境，后来由于法律需要对相关应急管理制度作出规定，便引入了法律体系当中。大多数应急管理术语进入法律体系之后，含义并没有发生什么改变。有的则因为法律对其相关术语的含义作出了专门的界定，使其和技术语境、管理语境之下的含义有所不同，比如应急预警；有的则是因为法律上本来就存在相同或者相似的概念，但和应急管理中这些概念的含义并不一样，比如“补偿”一词。我们在应急管理的实践和一些立法、执法活动中发现，很多重要术语的含义经常在不同语境下被错用、混用，特别是把一些术语在技术语境、管理语境下的含义想当然地照搬到法律语境当中，造成了很多理解上的混乱，给实务工作者也带来了很多困扰。例如，应急响应是应急管理中一个非常重要、常见的概念，在大多数应急预案和很多规范性文件、标准中都使用了这个概念，而法律、行政法规层面从来没有出现过这个概念。近年来，一些地方性法规和政府规章中开始使用“应急响应”的说法，但用法很不统一，和应急处置、应急预警等概念的关系也没有厘清。因此，对于这样的一些常见应急管理术语的法律内涵，就有必要专门正本清源，消除歧义。当然，有些这样的术语在本书的前文已经做过概念辨析了，如应急预案、应急体制、应急机制等，在这里就不再重复。

一、应急准备和应急保障

应急准备指的是假定突发事件在将来某个时候会发生，为事件发生之后的应急处置和救援所做的各种条件准备。这些需要准备的条件包括：第一，事件应对方案，即应急预案，其本质就是假设一个将来可能面临的危机事件情景，根据应对主体自身拥有的各种资源，预先设计好一个应急方案；如果条件允许的话，这样的应对方案也可能不止一个。第二，人力资源，突发事件发生之后，所需要的人力主要有三种，一种是应急管理人员，主要是实行应急决策、应急指挥的政府工作人员；另一种是应急救援队伍，从事现场应急救援和其他一些辅助性工作；还有一种是专家，为事件处置和救援提供智力支持。第三，物质资源，包括应急资金和应急物资，应急物资又包括用于应急处置和救援的装备、设施、物品，以及用于紧急保障受害人生活的物资。第四，通信、能源和交通，突发事件发生后，可能出现常规通信方式中断、常规交通方式不畅、对能源的需求剧增等特殊情况，需要在这些方面做好相应准备。第五，应急技能，也就是各类主体在突发事件应对中的个人能力，要获得这些技能，应急管理人员和应急救援人员主要通过培训和演练，一般社会公众主要通过接受宣传教育和参加演练。

从上文的介绍中，我们可以发现应急准备的概念还是比较明晰的，为什么还需要专门加以辨析呢？主要是因为可能产生如下两个方面的混淆：

一是和风险防控混淆。风险防控在以前的立法中大多被含混地称为“预防”，之所以容易和应急准备混淆，是因为很多法律将两者规定在同一个章节里面，然后将两种制度混合在一起。这种混合有时候是合理的，比如法律既要规定某个主体的风险防控义务，又要规定其应急准备义务，有时候两者的内容都不是很多，一定要拆分为两个条款的话会显得累赘，合并规定为一个条款更加适宜。例如，《突发事件应对法》第二十三条规定：“矿山、建筑施工单位和易燃易爆物品、危险化学品、放射性物品等危险物品的生产、经营、储运、使用单位，应当制定具体应急预案，并对生产经营场所、有危险物品的建筑物、构筑物及周边环境开展隐患排查，及时采取措施消除隐患，防止发生突发事件。”这个条款前面规定了制定应急预案，属于应急准备；后面规定了隐患排查和消除，属于风险防控，这就是一个典型的混合型规范。而有的时候，是由于错误理解概念导致了混合，比如我们曾经有一段时间认为应急预案具有预防突发事件的作用，就把有关应急预案的制度和其他风险防控措施规定在一起，比如《突发事件应对法》就是这样做的。不过，无论是何种原因导致的混合，应急准备和风险防控还是比较好区分的。因为风险防控的目的是避免突发事件的发生，或者缓解其发生之后的危害，或者避免暴露在其威胁范围之内，或者转移其发生之后可能导致的损失，总之是面向不确定的突发事件发生的可能性采取不同的事前控制策略。而应急准备则是假定某个突发事件将来会发生，提前准备好应急处置和救援的各种资源。明确了两者的不同内涵，我们就不至于再出现将编制应急预案看作预防措施这一类的错误。

二是和应急保障混淆，这是更加常见也更难澄清的一种情况。应急保障这个词在应急管理中也十分常见，比如绝大多数应急预案都会编制一个叫“保障措施”的部分；有的地方应急预案体系中还专门将应急保障预案作为一种单独的类型；有些应急管理的地方立法中也会单列一个叫“应急保障”的章节。而我们考察这些应急保障措施、预案或者法律文件章节的时候，可以发现其规定的也都是关于应急管理中人财物等资源如何满足需要的问题，和应急准备的内容十分相似。那么，到底什么情况下应该使用应急准备的概念，什么情况下应该使用应急保障的概念呢？应该说，它们所包含的大部分内容是重合的，但应急保障的含义要更宽一些，也可以说应急保障将应急准备包含在内。这个“更宽”表现在两个方面：首先，应急准备所讲的各种资源、条件的准备是专门面对未来发生的突发事件的，将用于这个事件实际发生之后的处置和救援工作；而应急保障所讲的各种资源、条件则是面对应急管理全过程的，比如说日常的风险防控也需要投入人财物等资源，事后的恢复重建也需要各种资源，这都有一个资源保障的问题。因此，当我们所讲的各种应急资源只面向将来的事中处置和救援时，讲“应急准备”是比较准确的；如果是面向应急管理全过程的，则应该讲“应急保障”。其次，应急保障的概念还可以包括制度上、组织上的保障，比如说为了确保实现应急管理的目标、提升应急管理的效能，法律可能会要求政府制定某些实施性规范来细化、落实法律上的一些规定；比如要建立某种针对应急管理工作的绩效评估机制，并将其纳入政府绩效评价的指标体系当中；或者让政府中的重要领导如由党委常委兼任的政府副职首长来分管应急管理工作；或者建立某种高规格的应急管理领导机构等。对于这样一些措施，我们可以说它们属于“应急保障”的范畴，但肯定不属于“应急准备”的范畴。

二、预测、预报和预警

突发事件的预测、预报和预警三个概念在应急管理中十分常用，也经常被混淆，特别是预报和预警。在法律上区别这三个概念十分重要，因为在它们当中，不同的行为意味着不同的法律后果，必须准确使用。

突发事件的预测，指的是有关主体根据相关信息研究分析之后认为突发事件是否可能发生以及如何发生的一种提前判断。对于预测的理解，有几个关键之处：第一，人们所预测的突发事件还没有发生，即使预测其发生，这个预测也未必是准确的。预测是在获得相关信息的基础上，这些信息可能来源于监测系统，也可能来源于公民、法人或者其他组织的报告，或者其他地方政府及其部门的通报作出的一个研判，这个研判是对突发事件发生概率的一种前瞻性判断，有可能被最后的事实所印证，也可能被否定。第二，法律对预测的主体并没有什么特别限制，任何人都可以对某种突发事件发生的概率作出自己的判断，只不过并不是所有人的预测结果都可以公开发布。第三，预测只意味着得到了某种结论，并不包含将这种结论发布出来的意思。如果将预测的结果发布出来，那就属于预报或者预警的范畴了。

理解预测的内涵之后，对于预报也就容易理解了。预报就是将预测的结果向社会公众告知，发挥风险提示作用。这里要注意两点：第一，能够发布预报的主体是特定的，只能是政府及其部门或者它们指定的专业机构。因为某种突发事件是否可能发生、可能如何发生，是十分重要的公共安全问题，事关重大，必须由权威机构发布信息。其他人即使对此作出了预测，对预测结果十分自信，也仍然不能自行发布，只能将自己的判断和理由提供给政府或者专业机构参考。第二，预报发挥的主要是日常性或者中长期的风险提示，不具有迫切情况下的警示功能，这是预报和预警的主要区别。也就是说，预报的信息虽然也具有风险提示功能，但其所提示的风险还没有达到能够导致突发事件的程度，或者虽然可能导致突发事件但概率是比较小的，或者可能导致的突发事件是一个较长时间尺度内的事情，不是当下即将发生的事情。比如，气象部门每天发布气象预报、自然资源部门每天发布海洋预报等，都属于日常性的风险提示。其提示的天气状况、海洋状况虽然也可能带来一定风险，但这种风险通常不大，社会个体略加注意、适当准备就可以规避或者抵御，不需要由政府采取特殊的控制性或者防御性措施。如果超过了这个程度，应该发布的就是预警，而不是预报了。在目前的一些法律中，对于预报和预警的概念就没有很好地区分。比如，在关于地震灾害的立法中，只规定预报而没有规定预警，但实际上，地震预报中的长期预报、中期预报属于预报的范畴，而临震预报已经是一种预警了。再如，关于传染病防治的立法中，只有预警而没有预报的规定。而实际上，卫生部门、疾控机构发布有关法定传染病中长期流行趋势的预测，每年发布对常规传染病（比如流感）当年流行特征的预测等，就属于预报的范畴，并不是一种具有迫切性的警报。在实践中，有的地方卫生部门认为发布这样的预测信息也属于传染病预警的范畴，应当按照《传染病防治法》的规定由国家卫生部门或者省级人民政府来发布，自己无权发布，这个理解就是错误的。当然，发生这种错误的原因在于相关法律没有清晰地区分预报和预警两个概念。

至于突发事件的预警，其含义在法律上是有明确规定的。《突发事件应对法》第四十三条规定："可以预警的自然灾害、事故灾难或者公共卫生事件即将发生或者发生的可能性增大时，县级以上地方各级人民政府应当根据有关法律、行政法规和国务院规定的权限和程序，发布相应级别的警报，决定并宣布有关地区进入预警期，同时向上一级人民政府报告，必要时可以越级上报，并向当地驻军和可能受到危害的毗邻或者相关地区的人民政府通报。"简单地说，我们可以把预警理解为具有示警意义的预报，就是有关人民政府经过研判认为相关信息提示的突发事件风险足以导致突发事件，概率也比较高，发生的时间又比较紧迫，那么，所发布的就不仅仅是日常性的或者中长期的预报，而是具有应急响应意义的预警了。对于预警的理解，要特别注意两个方面：第一，发布预警并不是一个单独、孤立的行为，不是"一发了之"，而是意味着一种法律状态上的切换，就是从平常状态切换到了应急状态，需要采取一系列准备性、控制性、防御性的措施，我们将其统称为预控措施，比如启动应急预案，加强对相关信息的收集、报告和分析、研判，和社会公众展开风险沟通，加大宣传避灾减灾知识的力度，预置应急救援力量，调集应急物资，加强对重点区域或者部位的风险防御，甚至包括转移财产和人员、关闭危险设施和场所这样的强制性措施。总之，预警是一个系列性的行动，而不是一个孤立的信息发布行为。举一个例子，在2020年新冠肺炎疫情发生之后，钟南山院士等医学专家曾经提出，赋予疾控机构一定的行政权，允许其独立发布传染病疫情预警信息。这种建议虽然有一定合理性，但实际上很难实施。原因就在于，预警不是一个单独、孤立的行为，而是伴随着一系列行动，疾控机构在发布预警信息之后并没有采取其他相应行动的权力和资源。如果疾控机构只需要发布预警，后面的行为仍然由政府去采取，那就会造成政府应急响应的被动和仓促无序。第二，预警的发布主体相对于预报来说，更加特定化，就是县级以上的人民政府，政府的部门和相关专业机构都不能成为预警的主体，比如日常发布气象预报的气象台站不能发布台风预警、洪水预警，日常发布海洋预报的海洋观测台站也不能发布风暴潮预警，除非这些机构获得了政府的授权。之所以有这样的限定，一方面是因为预警发布直接包含了对某种突发事件即将发生的判断，发布主体比日常预报、中长期预报的发布应当具有更高的权威性；另一方面是因为预警发布之后要同时采取多项预控措施，只有政府才有能力统筹这样的特殊行动。

关于突发事件预警的概念还有一点必须说明，就是当前法律上规定的预警在内涵上是不完整的，特指预测性预警。但实际上，随着技术的进步，一些自然灾害已经发展出了速报式预警。速报式预警有两个特点，一是不同于预测性预警的未然性，是具有已然性的，预警发出时灾害已经发生，但是其损害还没有到达一定区域，具有短暂的时间差，利用这个时间差进行紧急避险具有减灾意义；二是不同于预测性预警的或然性，是具有必然性的，预警发出之后，灾害的损害必然会在短暂的时间之后到来。最有代表性的速报式预警就是地震速报预警，包括我国在内的大多数国家都曾经将防震减灾的重点放在地震预测预报上。但长期的实践表明，预测预报尤其是临震预报的准确性和可行性非常低，成功经验很少，在科学上也存在巨大争议。在此背景下，从二十世纪中期开始，地震速报预警成为新的主要技术研发方向。速报预警利用电磁波的传播速度远大于地震波速，而且地震P波传播快于地震主运动S波与面波的特点，在破坏性地震波到达城市或重大工程之前，快速提供地震信息，进而为人们采取应急措施提供短暂但十分宝贵的时间，达到减少人员伤亡和经济损失的目的。在我国，以成都高新减灾所为代表的机构自2011年之后已经建成了覆盖近220万平方公里的地震速报预警网络，并连续多年向社会公众提供预警服务。在其他一些自然灾害中也出现了客观速报技术的应用，如对于山体滑坡，已经能够通过卫星遥感等技术捕捉到早期的、隐蔽的山体位移，在滑坡大规模发生之前发出预警信号。速报预警技术的应用要求在法律上更新突发事件预警的概念，需要及时修订法律，将预测性预警和速报式预警的内涵加以整合，形成完整的预警概念和相应制度。

三、应急处置、应急救援和应急响应

应急处置和应急救援是法律上经常出现的概念，两者经常被相提并论，《突发事件应对法》第四章的名称就是“应急处置与救援”。不过，在有的立法中只提到应急处置，有的地方则只提到应急救援。因此，我们必须厘清两者之间的关系。简单地说，应急处置针对的是突发事件的危险源，是对突发事件事态本身的控制措施，目的是使事态尽快结束或者尽可能限制其影响；而应急救援针对的是受到突发事件威胁的人员、财产或者环境，是为了使这些人员、财产或者环境脱离突发事件的威胁，尽可能避免或者减少人身和财产损失或者对环境的破坏。尽管我们在概念上可以做这样的区分，但在应急管理实践中，这两种行为在绝大多数情况下难以被清晰地区分开来。因为一方面，应急处置虽然针对的是危险源，但对危险源的控制肯定能够直接避免或者减轻人身、财产或者环境损失，实际上也产生了应急救援的效果；另一方面，直接针对人员、财产或者环境的应急救援往往也需要和处置措施结合在一起，比如救援过程中可能需要实施破拆，对于不愿意转移的人员可能需要采取强制性措施，这实际上也是一种对事态的处置。正因为应急处置和应急救援密不可分，在一些法律文件中对两者干脆就不做区分。比如，在《生产安全事故应急条例》中就只讲应急救援，而该条例规定的很多应急救援措施实际上指的是应急处置。有的法律文件则相反，比如，原国家安监总局办公厅印发的《生产安全事故应急处置评估暂行办法》第十六条第一款规定："本办法所称的生产安全事故应急处置是指生产安全事故发生到事故危险状态消除期间，为抢救人员、保护财产和环境而采取的措施、行动。"这里说的应急处置实际上也把应急救援包括进去了，甚至主要指的就是应急救援。由于应急处置、应急救援两个概念的关系十分紧密，所以无论是在法律语境还是在其他语境之下，除非有特别说明，两者可以互相替换，无论是讲应急处置与救援，还是单独讲应急处置或应急救援，我们都可以理解为其含义既包括处置措施，也包括救援措施。

至于应急响应的说法，主要是在技术语境、管理语境下使用，国家层面的法律文件基本上不使用这个概念，但近年来一些地方性法律文件越来越多地出现了这个概念，也需要明确其含义。很多人认为，应急响应可以理解为应急处置和应急救援的统称，这是不准确的。应该说，应急响应的含义比这个还要宽一些。所谓响应，就是作出反应，应急响应就是对紧急事件快速作出反应的意思。那么，在应急管理过程中，哪些环节属于对紧急事件快速作出的反应呢？应急处置和救援当然属于这样的情况，发布预警也属于这样的情况。尽管按照目前法律上的界定，应急预警特指预测性预警，即预警发布的时候突发事件尚未实际发生，只是判断其即将发生或者发生的可能性增大，但是，预警信息的发布本身以及预警后采取的一系列控制性、防御性措施，已经有别于平时的日常管理，已经具有了紧急行动的特征，已经出现了公权扩张和私权受限这样的法律状态上的变化，这就已经属于应急响应的范畴了。根据不同的情景，应急响应可能表现为以下三种形态：第一，政府发布了预警信息并采取了相应预控措施，但最后突发事件没有发生，随之恢复常态，这种情况下的应急响应就只包括预警阶段；第二，政府发布了预警并采取了相应的预控措施，突发事件发生后也进行了应急处置和救援，这种情况下的应急响应就既包括预警阶段，也包括处置和救援阶段；第三，某些类型的突发事件目前还无法预警，或者虽然能够预警但错过了预警窗口，事件直接暴发，直接进入了处置和救援阶段，这种情况下的应急响应就特指处置和救援了。

理解应急响应的概念之后，相应地，应急管理中另外一个常用的概念“分级响应”的含义也就清楚了。分级响应，既可以指在发布预警信息之后，根据不同的预警级别（蓝色、黄色、橙色、红色）采取有差别的预控措施；也可以指在突发事件暴发之后，根据不同的事件级别（一般、较大、重大、特大）采取有差别的处置和救援措施。

四、应急状态和紧急状态

应急状态和紧急状态都是非常状态，和平常状态是相对应的。如果在不需要对两者进行区分的情况下，用应急状态的说法来统称这些非常状态也是可以的；如果需要区分，则两者的含义具有程度上的不同。在有的国家，其法律会专门对常规突发事件的应对状态和非常规突发事件的应对状态加以区分，用不同的概念指称，比如日本的《灾害对策基本法》将“灾害”区分为非常灾害和紧急灾害，后者比前者程度更加严重，采取的措施更加特殊。而在我国，宪法上规定了一个紧急状态的概念，而应急状态这个说法在宪法法律中都没有出现，只是一种约定俗成的说法，用来指那些尚不足以宣告紧急状态的非常状态。但是，无论在法律上有没有规定，在突发事件应对中，确实存在两种不同程度的非常状态，在法律上是需要加以区别的。而在我国，通常就将这两种状态分别称为应急状态和紧急状态，两者的区别在于：首先，引起应急状态的是常规的突发事件，引起紧急状态的是更加严重的非常规突发事件。其次，在应急状态下，采取法律上已经规定的应急处置措施通常就已经足够应对，因此，应急状态所改变的只是一种局部的行政管理秩序；而在紧急状态下，可能还需要突破现行法的规定采取更加特殊的处置措施，或者说虽然其采取的措施在现行法上有所规定，但对宪法上规定的公民基本权利构成了大范围的限制和克减，因此，紧急状态所改变的是宪法秩序。最后，进入紧急状态需要经过专门的决定和宣告程序，比如我国《宪法》规定，全国或者一个省级行政区进入紧急状态要由全国人大常委会决定、由国家主席宣告；一个省级行政区之内的部分区域进入紧急状态要由国务院决定。而进入应急状态通常不需要经过这样的决定和宣告程序，但也有一些可供判断的外在标志，比如政府发布了预警信息、宣布启动了应急预案、设立了临时性的应急指挥机构等，这都意味着应急状态的开始。

在某些突发事件的应对中，我们还曾经听到“战时状态”“战时机制”等说法，这和应急状态、紧急状态是什么关系呢？例如，在新冠肺炎疫情防控中，有的领导同志和地方党政机关就使用了“战时状态”“战时机制”等说法。应该说，这里所提到的“战时状态”“战时机制”所指的并不是其法律上的含义。首先，战争状态是我国《宪法》上规定的一种内涵特定的非常状态，特指我国和其他国家或武装团体交战的状态，这是一种比紧急状态还要严厉的特殊状态。例如，《宪法》第六十二条规定由全国人大决定战争与和平的问题，第六十七条规定在全国人大闭会期间由全国人大常委会决定战争状态的宣布，第八十条规定由国家主席宣布战争状态。但是，我们在新冠肺炎疫情中所面临的并非战争状态，因为在疫情期间，我国并没有和任何其他国家或武装团体交战。除非有证据表明新冠肺炎疫情是外部敌对势力采取的生物战手段，否则其并不存在法律意义上的敌人，其“敌人”是自然界中的新型冠状病毒。其次，战争状态是《宪法》上最严厉的特殊状态，意味着国家将暂停部分宪法条款的实施，公民权利可以被暂时限缩到最小限度。但是，我国在新冠肺炎疫情防控中只是由各地政府启动突发公共卫生事件一级响应，只是一种行政应急状态。即使当时部分地区的疫情形势和已经采取的措施已经超越了行政应急状态，根据《宪法》规定，国家应当宣布的也是紧急状态，而不是战争状态。所以说，上述这些情况所说的“战时状态”“战时机制”并不是一种法律概念，而是一种比喻的、形象的说法。因为，当时的情况是大疫当前，疫情防控的各条战线要靠铁的纪律、铁的作风来保障，全社会要进入共克时艰的特殊时刻，情况堪比“战时”。使用“战时”的说法，有助于形象生动地凸显疫情形势的严峻和防控任务的艰巨，表达党和政府领导人民战胜疫情、夺取胜利的决心，能够发挥鼓舞人心的作用。

五、应急救助和应急救援

应急救援的概念我们在前文已经介绍过，指的是在突发事件发生之后，帮助有关人员、财产或者环境脱离突发事件的威胁，尽可能避免或者减少人身和财产损失或者对环境的破坏的措施。和应急救援比较容易混淆的还有一个概念，就是应急救助。所谓应急救助，指的是国家对遭遇突发事件损害的公民，免费提供物质资料、社会服务和发展机会的行为。我们可以这样来理解应急救助的含义：

第一，应急救助的目的。应急救助的主要目的是帮助受突发事件冲击的公民恢复生活水平、维持生活质量，公民获得应急救助的权利基础是社会保障权，而社会保障权的最终基础则是生存权；而公民遭遇突发事件时，获得应急救援的权利基础则是生命权、健康权和财产权，有时候还包括环境权。

第二，应急救助的范围。在突发事件及其应对过程中，公民利益可能遭受多方损害，应急救助的范围限于事件本身造成的损害。这区别于突发事件中的国家赔偿和国家补偿，国家赔偿用于填平突发事件应对中国家侵权行为带来的私人利益损害，国家补偿则用于弥补突发事件应对中国家征用财产、限制公民权利或者应急措施产生附随效果所造成的损失。

第三，应急救助的对象。应急救助的对象是在生活上受突发事件严重影响的公民，这种影响必须与事件本身存在直接的因果关系，既包括直接遭受事件袭击的人，如灾民、病人和伤员及其家属，也包括其他经济上受事件直接影响的人，如所在行业或企业因事件冲击而倒闭或萧条的从业者。

第四，应急救助的内容。应急救助的目的在于维持公民的基本生活水准和质量，为此国家需要提供：生产生活资料，如住房、食品、衣物、生活费、耕地、基本生产工具、贷款等；社会服务，如医疗和护理、心理干预、法律援助、对公共设施的修缮、交通运输等；发展机会，如儿童入学、就业帮助等；其他利益，如税费的减免。此外，如果国家为公民支付部分或全部灾害保险的保费，这也属于应急救助的范畴。

但是，应急救助和应急救援之间的区别也不是绝对的。例如，传染病疫情期间，对病人的治疗首先是一种应急救援措施；如果治疗费用由国家负担的话，这又是一种医疗救助，就同时属于应急救助的范畴了。在某些特殊的突发事件中，应急救助有时甚至还发挥对突发事件本身及其次生、衍生危机的遏制和防范作用，兼具应急处置的属性。例如，国家对传染病的确诊病人给予免费医疗，既是对其身体健康和经济上的改善，同时也起到控制疾病传播的作用。因为如果不实行免费治疗，有一部分经济比较困难的病人就会选择到治疗费用较低的地方就诊，比如城市里的务工人员会选择回老家，或者干脆放弃治疗，这就会造成更多的人员流动，导致疾病的进一步传播。在2003年“非典”期间，正是由于国家决定对进城务工农民中的患者给予免费医疗，使其无须返乡避疫，才避免了病毒传入广大农村可能带来的不堪设想的后果。2004年修订《传染病防治法》时总结这一经验，专门为此增加了第六十二条，规定：“国家对患有特定传染病的困难人群实行医疗救助，减免医疗费用。具体办法由国务院卫生行政部门会同国务院财政部门等部门制定。”

还有一个需要辨析的问题，就是应急管理中经常使用“损失补偿”或者“灾害补偿”的概念，用来指突发事件受害人损失的恢复。这里的“损失补偿”实际上是应急救助的上位概念，因为应急救助只是恢复受害人损失的方式之一，除此之外还有灾害保险、社会捐赠两种方式。但是要注意，这里所说的“补偿”和法律上讲的“补偿”不是一个概念。法律上的补偿通常指的是我们在前文提到的行政补偿，是因为行政机关在应急管理过程中合法取得私人财产性利益，或者合法限制私人权利的行使，或者合法采取的应急处置措施产生了损害私人利益的附随性后果，以金钱方式弥补这些私人利益损失的行为。简单地说，法律上讲的补偿，所补偿的是政府某些合法行为造成的损失；而管理语境下讲的“损失补偿”，所补偿的是突发事件本身造成的损失。

六、应急征用和应急征购

行政法上有行政征收和行政征用的概念，两者都是指国家从公民、法人或者其他组织那里获得一定金钱、财物或其他利益的行为，在形式上比较接近，差别在于国家从相对人那里取得的财产权属性不同。征收行为取得的是相对人财产的所有权，这种取得可能是无偿的，比如征收税费；也可能是有偿的，比如征收农村集体土地、征收国有土地上房屋。征用行为取得的是相对人财产的使用权，是要给予一定补偿的。

但是，在应急管理领域的法律中，基本上没有使用征收的概念，只有征用的概念，一般称为应急征用。而且，这里所说的征用和行政法上通常所说的征用，在含义上还有些差别。因为应急征用都是要给予补偿的，征用的对象既包括财产的使用权，也包括一些财产的所有权。也就是说，在应急法这个领域，区分征收和征用的标准不是财产的所有权/使用权，而是有偿/无偿。尽管应急法上并没有使用过征收的概念，但从其征用的概念可以推知，这里的征收指的是无偿取得财产，也就是征收税费，比如国家在宣告紧急状态的情况下，为了满足应对重大突发事件的巨大开支，有可能临时开征某种特别税。从应急法上征用的概念出发，我们可以总结出，应急征用及其补偿包括三种具体情形：

第一，征用的是消耗品，比如在传染病疫情防控期间征用口罩、防护服、护目镜等医疗物资，这种情况下的征用所针对的就是财产的所有权。因为这些物资是消耗性的，经过使用之后就丧失了原来的使用价值，返还没有意义，被征用就意味着所有权转移给了政府。那么，政府应该根据这些物资的市场价格对被征用人给予补偿。

第二，征用的是非消耗品，比如应急装备、车辆、设施、场所、房屋等，这种情况下的征用所针对的当然是财产的使用权。在使用完毕之后，政府应当将这些财产返还给被征用人，并补偿一定的使用费；如果财产的形状、性能等在使用过程中被改变甚至损坏，应当恢复原状之后再行返还。

第三，征用的是非消耗品，但是在使用过程中被遗失，或者损坏后无法修复，或者改变形状之后无法恢复原状，总之是无法返还的，政府应当就这些财产的价值给予被征用人补偿。

在应急管理实践中，还存在另外一种容易和应急征用混淆的行为，就是应急征购。所谓征购，指的是对企业尚未售出甚至尚未生产出来的物资进行强制性购买；征用针对的则是已经处于流通或者消费环节的物资，两者在程序和标准上都有所不同。目前，无论是《突发事件应对法》还是各种单行性的应急法，只规定了征用，没有规定征购。所以，在实践中出现了需要征购的情况，就不得不以征用之名实施。例如，在新冠肺炎疫情防控中，上海市政府就曾经使用了“征用产能”的说法，实际上是向企业征购应急物资。为什么说“征用产能”的说法是错误的呢？因为如果“产能”可以被征用的话，那么政府给予企业的补偿就应该是构成产能的各生产要素的成本，包括原料成本、机器折旧、工人工资、水电成本等，是不包括利润的。但实际情况并非如此，所谓“征用产能”实际上是要求被征用企业的产能在一段时间内只能生产政府指定的物资，并销售给政府或者政府指定的第三方，而政府或者第三方为这些物资所支付的也并不仅仅是构成产能的那些要素成本，而是这些物资的市场价格，是考虑了企业利润的。因此，考虑到征用的概念确实不能涵盖这种客观存在的征购行为，在应急管理的相关法律修订中，未来还应当单独补充规定应急征购制度。

图书在版编目(CIP)数据

应急管理与应急法治十讲 / 林鸿潮，陶鹏著 .—北京：中国法制出版社，2021.4

ISBN 978-7-5216-1531-9

Ⅰ.①应… Ⅱ.①林… ②陶… Ⅲ.①突发事件—公共管理—法治—研究—中国 Ⅳ.① D922.104

中国版本图书馆 CIP 数据核字(2020)第 257416 号

策划编辑：马 颖
责任编辑：王雯汀 宋 平　　封面设计：周黎明

应急管理与应急法治十讲

YINGJI GUANLI YU YINGJI FAZHI SHI JIANG

著者 / 林鸿潮 陶 鹏

经销 / 新华书店

印刷 / 三河市紫恒印装有限公司

开本 / 710 毫米 ×1000 毫米 16 开　　印张 / 14 字数 / 167 千

版次 / 2021 年 4 月第 1 版　　2021 年 4 月第 1 次印刷

中国法制出版社出版

书号 ISBN 978-7-5216-1531-9　　定价：56.00 元

北京西单横二条 2 号 邮政编码 100031　　传真：010-66031119

网址：http://www.zgfzs.com　　**编辑部电话**：010-66034242

市场营销部电话：010-66033393　　**邮购部电话**：010-66033288

（如有印装质量问题，请与本社印务部联系调换。电话：010-66032926）